Macmillan Modern Languages

Series editor: Robert Clarke

D1785542

Passeport pour le français 1

Joan Clarke and Derek Utley
Language consultants: Josiane Gower and
John Gower

MACMILLAN EDUCATION

Acknowledgements

The authors and publishers wish to thank the following who
have kindly given permission for the use of copyright
material.

Bayard Presse for a recipe from *Okapi*, No 276 May 1983.
Centre de Documentation et d'Information de l'Assurance for
an extract from a brochure.
Fédération Unie des Auberges de Jeunesse for extracts from
Vacances Activités.
French Government Tourist Office for an extract from
Vacances.
Libération for an extract 'Nouveaux incidents entre policiers
et jeunes des Minguettes' from 25th April 1984 edition.
Ligue Française pour les Auberges de la Jeunesse for an
extract from *Retrouvez-vous Guide 84*.
Société Nationale des Chemins de Fer Français for extracts
from brochures.

Every effort has been made to trace all the copyright holders
but if any have been inadvertently overlooked, the publishers
will be pleased to make the necessary arrangements at the
first opportunity.

The photographs were supplied by the series editor, Robert
Clarke.

First published 1986
Reprinted 1986, 1987, 1988

Published by
MACMILLAN EDUCATION LTD
Houndmills, Basingstoke, Hampshire RG21 2XS
and London
Companies and representatives
throughout the world

Printed in Hong Kong

Clarke, Joan
Passeport pour le français 1.
1. French language—Spoken French 2. French
language—Examinations, questions, etc.
I. Title II. Utley, Derek
448.3'421 PC2112
ISBN 0-333-37328-6

Cassette ISBN 0-333-39040-7

Contents

Introduction

To the student

This book, and the cassette that goes with it, will help you to carry on learning French: to speak it, to understand what is said to you, to understand what you read and to write it with reasonable accuracy.

Types of work There are several different kinds of activities suggested. Sometimes you will work with the teacher, sometimes with a partner, sometimes by yourself. You will always have a task to undertake – to understand a dialogue, or say something to your partner, for example – so make sure you know exactly what the task is before you start.

Things to learn There is a list of aims at the beginning of each lesson. These are what you should have learnt to do by the end of that lesson. The *phrases clef*, the *résumé* and the *vocabulaire* should be learnt by heart so that you can use them without hesitation when the situation arises.

Working together Some of the practice work is headed *Deux à deux*. For these tasks, you and your partner will look at different pages in the book and exchange information in French. Don't worry if you find this strange and, perhaps, difficult at first. Do persevere, as these activities attempt to prepare you to communicate in real situations, which is the most important reason for learning a language.

Understanding When you are reading or listening to French, you will find it is often not necessary to recognise every word in order to understand the message. Concentrate first on the gist of what is being said or read. Try to guess words you don't know or, as a last resort, look them up in the Vocabulary at the back of the book. Sometimes difficult words are translated for you at the end of a reading passage; sometimes you may need to use a dictionary. (Even French teachers sometimes need to do this.)

A word of warning: do not rely too heavily on the Vocabulary. It does not contain all the very common words that you should know by now, nor those that are very similar to their English equivalents.

Grammar Those of you who wish to extend your understanding and use of French beyond what you can learn by practice will need to be able to apply the rules of grammar so that you can accurately express what you want to say or write. The *Grammaire* and the Grammar Reference set out and explain the most useful of these rules.

To the teacher

The two books in this course provide a five-term preparation for the GCSE examination.

Book 1 is arranged in ten lessons, of which numbers 5 and 10 are intended for revision and consolidation.

The other eight lessons present and practise the four language skills, based on different situations. Every lesson follows an identical sequence to facilitate access.

Aims What the pupils should be able to do after working through the lesson.

Phrases clef Should be learnt by heart by every pupil.

Rappel Material assumed to have been previously taught, presented mostly as listening comprehension.

Dialogues The target language presented in printed and recorded form, for understanding, repetition and manipulation. Pupils should learn parts of these by heart, practise them together, and make up their own dialogues by changing small details or whole phrases.

Résumé A schematic presentation of the situation's vocabulary, showing how phrases can be combined.

Activités A variety of exercises which try to create communicative situations, using the language already presented. Those activities headed *Deux à deux* involve paired work in which each of two partners looks at a different page and exchanges information. It is important that the nature of the task is thoroughly understood before the work begins.

Exercices These are more structured exercises for drilling particular points, often of a grammatical nature.

Entendu Listening comprehension material, mostly related to the theme of the lesson, but sometimes including some unrelated situations. Although the material is scripted and recorded in a studio, it is authentic spoken French. The tapescript is found at the end of the book, but obviously pupils must be discouraged from referring to it.

Lecture Material for reading comprehension, of varying levels of difficulty. Most items are authentic documents, presented where practicable in their original form. For the most difficult passages, encourage the pupils to use a dictionary correctly.

Grammaire Certain grammatical points occurring in the lesson are explained.

Vocabulaire Vocabulary related to the topic of the lesson. These words should be learnt by all pupils.

The end-matter of this book consists of three reference sections for pupils and one for teachers.

Reminders Groups of basic vocabulary, learnt at an earlier stage for revision and quick spelling checks.

Grammar Reference   A brief outline of grammatical rules, including verb tables. This could be used for individual reference, or, if appropriate, for classwork.

Although the Imperfect and Future tenses are not revised until Book 2, they are included in the Grammar Reference and the verb tables as it is assumed that some pupils will need to use them at this stage.

Vocabulary   Does not include words which are considered well-known or easy to understand. Encourage pupils to use this section only when deduction and guessing have failed.

Tapescript   The script of all the listening comprehension material arranged in lessons.

Vous et vos copains

Aims

1 Talking about yourself and your friends

2 Staying with a French family

3 Writing letters to a French penfriend

Phrases clef

Vous-même

Ce qu'il faut dire

Je m'appelle . . . *My name is . . .*

J'ai quatorze ans *I am fourteen*

J'habite à Leeds en Angleterre
I live in Leeds in England

J'ai une soeur et un frère
I have a brother and a sister

Je suis en troisième *I am in the fourth year*

J'aime la musique pop *I like pop music*

Je n'aime pas le sport *I don't like sport*

Ma matière préférée, c'est la biologie
My favourite subject is Biology

Ce qu'il faut comprendre

Comment t'appelles-tu? *What is your name?*

Quel âge as-tu? *How old are you?*

Où habites-tu? *Where do you live?*

Tu as des frères et des soeurs?
Have you any brothers and sisters?

Tu es dans quelle classe? *What class are you in?*

Chez votre correspondant(e)

Ce qu'il faut dire

Ça va bien, merci *I'm fine, thank you*

Enchanté(e), monsieur/madame
Pleased to meet you

Je peux vous aider, madame? *Can I help?*

Qu'est-ce que c'est exactement?
What exactly is it?

Ça me plaît beaucoup *I like it very much*

Je n'aime pas tellement ça
I don't like that very much

Oui, encore un peu, s'il vous plaît
Yes please. I'll have a little more

Non, merci. Ça suffit *No, thank you. I have enough*

Je suis fatigué(e) *I am tired*

J'ai mal à la tête *I have a headache*

Ce qu'il faut comprendre

Comment vas-tu? *How are you?*

Tu es fatigué(e)? *Are you tired?*

Tu as bien dormi? *Did you sleep well?*

Tu veux quelque chose à manger ou à boire?
Do you want anything to eat or drink?

Tu aimes le poulet? *Do you like chicken?*

Encore des pommes de terre?
Would you like some more potatoes?

Qu'est-ce que tu aimes comme boisson?
What do you like to drink?

Sers-toi *Help yourself*

Fais comme chez toi *Make yourself at home*

Qu'est-ce qui ne va pas? *What's wrong?*

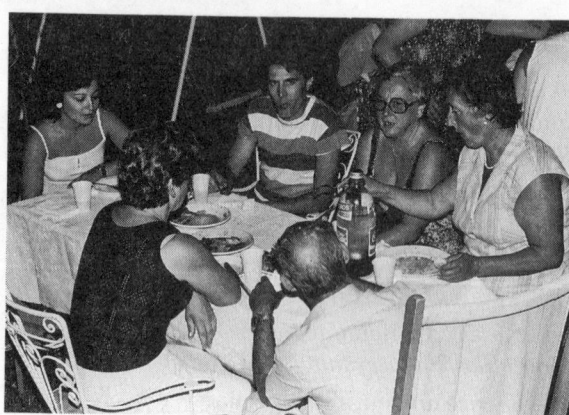

Rappel!

Vous allez entendre quatre jeunes gens qui parlent d'eux-mêmes.

Sharon Aldridge

Écoutez la bande, puis copiez les phrases en les complétant:

1 Sharon Aldridge is . . . . . years old.
2 She is French/English/British.
3 She has a sister who is . . . . . years old and a brother who is . . . . . years old.
4 Her hair is . . . . . and . . . . .
5 At school, she likes . . . . . and . . . . . and . . . . .
6 She dislikes . . . . .
7 She is rather . . . . .
8 She thinks the Delcourts are . . . . .

Florence Delcourt

Écoutez et corrigez les phrases. Elles sont toutes fausses:

1 Florence Delcourt lives in a town in the east of France.
2 She is a year older than Sharon.
3 She has a brother and a sister.
4 Her school is a long way from the town of Royan.
5 She goes to school every day except Sunday.
6 She is in the second year at school.
7 She has blonde hair and blue eyes.
8 She likes classical music.

Matthew Drury

Écoutez, puis écrivez *vrai* ou *faux* pour chaque phrase:

1 Matthew Drury habite à New York.
2 Il a une soeur de neuf ans.
3 Il n'aime pas tellement le sport.
4 Il adore les escargots.
5 Il n'aime pas les serpents.
6 À la maison, il a huit animaux.

Benoît Guyard

Listen to the tape, then write down in English everything you find out about Benoît.

Dialogues

1a

Sharon arrive à la gare de Royan. Florence et sa mère l'attendent sur le quai.

Florence:	– Enfin, te voilà Sharon. Bonsoir.
Sharon:	– Bonsoir, Florence.
Florence:	– Je te présente ma mère.
Sharon:	– Enchantée, madame.
Mme Delcourt:	– Bonsoir, Sharon. Bienvenue à Royan. Tu as fait un bon voyage?
Sharon:	– Oui, mais assez long.
Florence:	– Tu dois être fatiguée, Sharon.
Mme Delcourt:	– Oui. Tu as raison. Allons tout

de suite à la maison. J'ai la voiture dehors.

Florence:	– Moi, je prends ta valise.
Sharon:	– Merci, Florence. Merci, madame.

1b

Elles arrivent à la maison. M. Delcourt les attend.

Florence:	– Sharon, je te présente mon père. Papa, voici Sharon.
M. Delcourt:	– Enchanté de faire votre connaissance. Asseyez-vous.
Mme Delcourt:	– Tu as faim, Sharon? Tu veux quelque chose à manger ou à boire?
Sharon:	– Je n'ai pas faim, madame, mais je voudrais bien boire quelque chose.
Mme Delcourt:	– Un chocolat chaud, peut-être?
Sharon:	– Parfait! Merci. Est-ce que je peux prendre une douche avant de me coucher, s'il vous plaît?
Mme Delcourt:	– Bien sûr. Fais comme chez toi.
Florence:	– Viens, Sharon. Je vais te montrer ta chambre et la salle de bains.
Sharon:	– Merci, Florence. Bonne nuit, madame. Bonne nuit, monsieur.

Vous avez tout compris?

Copy out and complete the following sentences, choosing from the three possibilities:

1 Sharon has travelled by train/by car/by plane.
2 Florence first introduces her parents/her father/her mother.
3 They go to the house on foot/by taxi/by car.
4 Monsieur Delcourt invites Sharon to have a drink/sit down/take off her coat.
5 Madame Delcourt offers Sharon some refreshments/a hot bath/a warm shower.
6 Before going to bed, Sharon has a bar of chocolate/a bath/a warm drink.

2 🔲

Matthew Drury entre dans la cuisine pour prendre son premier petit déjeuner chez les Guyard.

Benoît: – Bonjour, Matthew. Assieds-toi à côté de moi.

Mme Guyard: – Bonjour, Matthew. Tu as bien dormi?

Matthew: – Oui, très bien, merci.

Benoît: – Qu'est-ce que tu préfères, Matthew, du chocolat ou du café au lait?

Matthew: – Du chocolat s'il te plaît. Je n'aime pas tellement le café.

M. Guyard: – Prends du pain et du beurre. Tu aimes le pain français?

Matthew: – Ah oui, monsieur. C'est délicieux.

Mme Guyard: – Voici ton bol de chocolat. Tu veux aussi de la confiture avec ton pain?

Matthew: – Oui, madame. Je veux bien.

Vous avez tout compris?

Answer these questions in English:

1 Where is Matthew invited to sit?
2 What does Mme Guyard first ask him?
3 What two drinks is he offered?
4 Which drink does he choose and why?
5 What does Matthew think of French bread?
6 What do you understand by 'ton bol de chocolat'?

3 🔲

Il est sept heures du soir, l'heure du dîner. Les Guyard et Matthew sont à table.

Mme Guyard: – Alors, pour commencer, on va prendre du pâté avec des cornichons. Tu as faim, Matthew?

Matthew: – Oui, madame, et j'adore le pâté.

Mme Guyard: – Bon. Sers-toi. Benoît, passe les cornichons.

M. Guyard: – Et maintenant, nous avons du boeuf bourguignon. Tu aimes ça, Matthew?

Matthew: – Je ne sais pas. Qu'est-ce c'est, exactement?

M. Guyard: – C'est des morceaux de boeuf, des oignons et des champignons dans une sauce au vin rouge.

Matthew: – Je vais le goûter. Oh, c'est bon. Ça me plaît beaucoup.

Mme Guyard: – Encore des pommes de terre, Matthew, Benoît?

Matthew: – Non, merci. Ça me suffit.

Benoît: – Oui, maman, encore un peu, s'il te plaît.

M. Guyard: – Et comme boisson? Tu vas prendre du vin avec un peu d'eau?

Matthew: – De l'eau seulement s'il vous plaît. Je n'aime pas tellement le vin.

M. Guyard: – C'est dommage. Mais tu vas en goûter un tout petit peu?

Matthew: – D'accord.

Vous avez tout compris?

Answer these questions:

1 This meal is called 'le dîner'. What name is given to the meal taken around midday?
2 What does the first course consist of?
3 What are the main ingredients of 'boeuf bourguignon'?
4 What exactly does M. Guyard offer Matthew to drink?

Find the French for:

1 To start with
2 Are you hungry?
3 I don't know
4 What exactly is it?
5 I'll try it
6 I like it very much
7 That's enough
8 I'm not keen on wine
9 That's a pity
10 All right

4 🖭

Sharon et Mme Delcourt sont dans la cuisine. Mme Delcourt prépare le dîner.

Sharon: – Je peux vous aider, madame?

Mme Delcourt: – C'est très gentil, Sharon. Veux-tu mettre la table dans la salle à manger?

Sharon: – Volontiers.

Mme Delcourt: – Mais, attends, Sharon. Qu'est-ce qu'il y a? Tu as l'air triste.

Sharon: – Oh, j'ai mal à la tête. C'est tout.

Mme Delcourt: – Ma pauvre petite. Je vais te donner de l'aspirine. Mais, à part ça, tout va bien? Tu es contente chez nous?

Sharon: – Oui, madame, tout le monde est aimable . . . mais je m'ennuie un peu de ma famille.

Mme Delcourt: – Je comprends bien. C'est normal. Tu as le cafard, mais je suis sûre que tu vas être plus heureuse dans deux ou trois jours.

Sharon: – Oui, madame. Et maintenant, je vais mettre la table.

Vous avez tout compris?

Répondez en français:

1 Où se passe cette conversation?
2 Que fait Mme Delcourt?
3 Qu'est-ce que Sharon va faire pour aider?
4 Est-ce que Sharon a mal à l'oreille?
5 Qu'est-ce que Mme Delcourt va donner à Sharon?
6 Quand est-ce que Sharon va être plus heureuse?

Résumé

Talking about yourself and your friends

Comment t'appelles-tu?	Je m'appelle . . .	
Comment s'appelle-t-il/elle?	Il/elle s'appelle . . .	

Quel âge as-tu?	J'ai	quatorze ans
Quel âge a-t-il/elle?	Il/elle a	quinze ans
		seize ans

Où habites-tu?	J'	habite à . . .	en Angleterre
Il/elle habite où?	Il		Écosse
	Elle		Irlande
			France
			au Pays de
			Galles

Tu es	de quelle nationalité?	Je suis	britannique
Il/elle est		Il/elle est	anglais(e)
			écossais(e)
			irlandais(e)
			gallois(e)
			français(e)

Je suis	assez	grand(e)	J'ai	les yeux	bleus
Il/elle est	un peu	petit(e)	Il/elle a		bruns
	très	mince			verts
		timide		les cheveux	bruns
		sportif/ve			blonds
		gentil(le)			châtains
		sympathique			roux
		content(e)			noirs
		fatigué(e)			longs
					courts

Je ne suis pas   grand(e) etc.
Il/elle n'est pas

Tu as des frères et des soeurs?	Non, je suis fils/fille unique	
	Oui, j'ai	un frère	(et)
		deux frères	
		trois frères	
		une soeur	
		deux soeurs	
		trois soeurs	

12 Tu es dans quelle classe?	Je suis en	troisième
		seconde

Quelle est ta matière préférée?	Ma matière préférée, c'est . . . J'aime . . . Je n'aime pas . . . J'adore . . . Je déteste . . .

In a French family

Je te présente
ma   mère
       soeur
       grand-mère
       tante
       cousine
mon   père
       frère
       grand-père
       oncle
       cousin
       ami(e)

Enchanté(e)
Je suis très heureux/se de
    faire votre connaissance

Tu as fait un bon voyage?
Tu as bien dormi?
Tu es fatigué(e)?

Oui, merci
Non, pas tellement

Tu aimes   le poulet?
       le boeuf bourguignon?
       le pâté?
       le camembert?
       le sorbet?

Oui, je l'aime bien
Non, pas tellement
Je ne sais pas. Qu'est-ce que c'est exactement?
Je vais y goûter
C'est délicieux
Ça me plaît beaucoup

Encore   des légumes?
       de la soupe?
       du fromage?
       du pain?

Merci, je veux bien
Oui, encore un peu s'il vous plaît
Non, merci, ça me suffit

Est-ce que je peux

prendre une
douche?   Bien sûr
regarder la
télévision?   Fais comme chez toi
écouter des
disques?
prendre un bain?
prendre un coca-
cola?

Qu'est-ce qui ne va pas?
Qu'est-ce qu'il y a?

J'ai mal   à la tête
          à l'oreille
          aux dents
          à la gorge
Je me sens malade

Je peux vous aider, madame?

Merci, c'est très gentil

Activités

Moi-même

Imagine that you are recording a message to send to a new French penfriend. Practise saying to your partner or to your teacher a few short sentences about yourself. Give your name, age, address and the colour of your eyes and hair. Talk about your family, your school, your likes and dislikes. Use the *Résumé* on p. 12 to help you.

Deux à deux *(See page 16)*

Partner **A** is a French person who does not speak English. He is getting to know an English visitor on holiday in his town. Partner **B** is the English visitor.

A

Try to find out his name, his age, where he lives, how many brothers and sisters he has, what class he is in at school and what subjects he likes and dislikes.

Faites des dialogues

Working with your partner, compose dialogues for these situations:

1 An English boy arrives at his French penfriend's home. He is introduced to three members of the family. The mother asks about his journey and if he is tired. She also offers him something to drink, which he accepts. He asks if he may take a shower before going to bed.

2 An English girl sits down to a meal with a French family. She is offered some things which she likes and accepts, and some which she does not recognise. When offered more bread, she declines. When offered more wine, she declines. Choose the dishes from these:
Starters – crudités, pâté, oeuf mayonnaise
Main course – poulet rôti, côte de porc, boeuf bourguignon
Dessert – glace, sorbet au melon, tarte aux pommes

Use the Résumé and the dialogues to help you.

((((RECETTE))))

SORBET AU MELON
Délicieux, quand il fait chaud,
facile et vite fait,
le sorbet.

Pour six personnes :
- **1 melon bien mûr et bien parfumé, de 750 g.**
- **150 g de sucre glace.**
- **1/2 verre de porto.**
- **De la crème fraîche.**

Préparation :
- **Eplucher le melon, retirer les graines.**
- **Passer la pulpe à la moulinette.**
- **Verser le sucre, le porto et deux cuillères de crème fraîche.**
- **Mettre à glacer dans le freezer.**
- **Servir au bout de trois heures.**

Danielle. Photo de Pierre Hussenot. Shopping : Scandi boutique.

Un peu de conversation

Practise asking and answering these questions with your partner or your teacher:

Est-ce que tu aimes les fruits?
Quel est ton fruit préféré?
Qu'est-ce que tu manges comme dessert, généralement?
Qui prépare les repas chez toi?
Est-ce que tu aides quelquefois dans la cuisine?
Où est-ce tu prends le déjeuner, normalement?

Sorbet au melon

Read this recipe for *sorbet au melon*, then answer the questions.
Some of the more difficult words are translated for you.

1 Is this recommended as a summer or a winter dessert?
2 What sort of condition should your melon be in?
3 What kind of sugar do you need?
4 Two more ingredients are required. One is half a glass of port. What is the other?
5 After peeling the melon and removing the seeds, what should you do with the fruit?
6 How long should the mixture stay in the freezer?
7 What is the French word for *recipe*?

mûr *ripe*
éplucher *to peel*
graine *seed*

Comment écrire une lettre

Your address:	Put it at the top left hand corner of the paper.
The date:	Put it at the right hand side of the paper. Just above it should be the name of the town from which you are writing.
To begin:	Start with *Cher* if you are writing to a boy: Cher ami Cher Pierre Start with *Chère* if you are writing to a girl: Chère amie Chère Marie
To say *thank you*:	Merci de ta lettre Je te remercie pour les belles photos
To finish:	Choose one of these expressions to finish your letter just before you sign it: Écris-moi vite Amicalement Amitiés Bons baisers Je t'embrasse

To address the envelope:

1 Monsieur, Madame or Mademoiselle
2 The first name and surname
3 The number and name of the street
4 The postal code
5 The name of the town or the village

Note: If you receive a letter from France, open it very carefully without tearing the envelope. You may find that no address has been given inside, but that it has been written only on the back of the envelope.

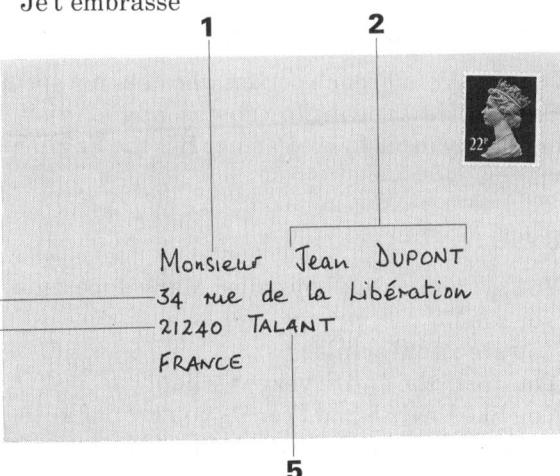

1
2
3
4
5

Monsieur Jean DUPONT
34 rue de la Libération
21240 TALANT
FRANCE

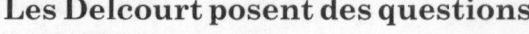

Maintenant, écrivez

Address envelopes to the following boys and girls:

1　André Rouette, who lives at 3 rue des Colombières in Talant, postal code 21240

2　Chantal Fromont, who lives at 19 avenue des Chamois-Perdrix in Chamonix, postal code 74400

3　Jean-Paul Clémence, who lives at 19 boulevard Picasso in Quimper, postal code 29000

Les Delcourt posent des questions

So that they can make Sharon as comfortable as possible in their home, Monsieur and Madame Delcourt ask her about her usual daily routine. Here are their questions and Sharon's answers. Take turns with your partner to ask and answer the questions:

Les Delcourt demandent	*Sharon répond*
À quelle heure est-ce que tu te lèves?	Je me lève à huit heures, mais je me réveille beaucoup plus tôt.
Tu te laves le matin ou le soir?	Normalement, je prends un bain ou une douche le soir et je me lave le matin.
Tu te couches de bonne heure?	Ça dépend. Pendant la semaine je me couche vers dix heures, mais le weekend, si je sors, je me couche entre onze heures et onze heures et demie.
Qu'est-ce que tu aimes faire pour t'amuser?	Beaucoup de choses. J'aime jouer au tennis et faire de la natation. J'aime sortir avec des copines. Enfin, j'adore aussi regarder la télé. Je m'amuse bien à la maison.
Qu'est-ce tu aimes manger?	Presque tout. Mais les escargots et les cuisses de grenouille . . . Je ne suis pas sûre!

Work out with your partner what your answers would be if the questions were put to you.

Deux à deux　(*See page 14*)

Partner **A** is a French person who does not speak English. He is getting to know an English visitor or holiday in his town. Partner **B** is the English visitor.

B

You are an English boy called Mark Robertson.
You are 15.
You are an only child.
You are in the fourth year at school.
You like English and French, you are not keen on Geography, and you can't stand Maths.

Exercices

En français s'il vous plaît

Give the French for the following words and expressions. They all occur in this lesson:

In the morning   That depends
In the afternoon   Usually
In the evening   Normally
Pleased to meet you   Later
Good night   Perhaps

Lettre à Thierry

Complete this letter, filling each gap with an appropriate French word:

... Thierry,
... de ta lettre. Maintenant, je vais essayer de répondre à tes questions.
J'ai 14 .... les cheveux bruns et ... yeux bleus. J'ai une ... mais pas de frères. Ma soeur s' ... Vicky et elle ... 12 ans.
A l'école ma ... préférée, c'est l'informatique. Je n'aime ... tellement le dessin.
Dans ma prochaine lettre, je ... t'envoyer une photo.

Michael.

Allez!

Consult the Grammar reference on 23 to help you to arrange these sentences under the headings *Present* and *Future*. One example of each has been done for you:

Present:
Sharon arrive à la gare

Future:
Elle va prendre un taxi

Now add these to the appropriate list:
Je vais me coucher
On va sortir?
Tu aimes le poulet?

Nous allons jouer aux cartes
Vous prenez de l'aspirine?
Ils se lèvent de bonne heure

Take extra care with these:
Tu veux prendre une douche?
Nous allons au cinéma
Où vas-tu?
Ils vont être fatigués
Nous allons nous lever à 7h
Vous n'allez pas goûter aux escargots?

Qu'est-ce qu'on va faire?

Finish off the incomplete sentences:
Example: Je vais prendre un coca-cola.

J'ai soif	prendre
Tu as faim?	manger
Il a mal à la tête	prendre
On est bientôt prêt?	partir
Nous sommes fatigués	nous coucher
Vous êtes sportif?	jouer
Ils sont en retard	prendre

Comment?

Choose adjectives to describe these people in your life. Choose from the list provided, or use others that you know if they are more appropriate. Make sure the adjectives are in the correct form. Consult the Grammar reference on p. 23 to help you.

Je suis . . .
Mon frère est . . .
Ma soeur est . . .
Mes parents sont . . .
Mon meilleur ami est . . .
Ma meilleure amie est . . .
Mes copains sont . . .
Mes professeurs sont . . .
Mon directeur est . . .
Mon chanteur préféré est . . .
Ma chanteuse préférée est . . .
Mon groupe préféré est . . .

grand	amusant
petit	sportif
mince	intelligent
gros	triste
gentil	méchant
timide	heureux
sérieux	sympathique
fort	sensationel
faible	formidable

On se débrouille

In the following sentences, fill the gaps with the correct form of the verb given at the end:

1 On . . . . . bien. (s'amuser)
2 Je . . . . . toujours de bonne heure. (se réveiller)
3 Tu . . . . . à quelle heure? (se lever)
4 Vous . . . . . ce matin? (se promener)
5 Ma mère . . . . . l'après-midi. (se reposer)
6 Nous . . . . . très tard ce soir. (se coucher)
7 Aujourd'hui, je . . . . . en jean. (s'habiller)
8 Les deux correspondants . . . . . 'bonjour'. (se dire)

Entendu

La bonne réponse

You will hear ten statements or questions. For each one, choose the most appropriate response from those given below:

1 a) Enchanté, madame
  b) Non, merci
  c) Oui, très bon, merci

2 a) Enchanté, monsieur
  b) Je ne sais pas
  c) Mon grand-père est assez vieux

3 a) Oui, une limonade, s'il vous plaît
  b) Oui, du poulet, s'il vous plaît
  c) Oui, c'est ma matière préférée

4 a) Non, je suis fils unique
  b) Non, merci. Ça me suffit
  c) Sers-toi

5 a) Oui, encore un peu s'il vous plaît
  b) Il va à la piscine
  c) Je me sens malade

6 a) Assieds-toi
  b) Fais comme chez toi
  c) Non, pas tellement

7 a) Oui, ça me plaît beaucoup
  b) Non, je n'aime pas les fruits
  c) Oui, c'est mon ami

8 a) Oui, j'aime surtout le cross
  b) Oui, je le trouve gentil
  c) Oui, j'adore les groupes américains

9 a) D'accord
  b) Je suis en troisième
  c) Le trente mars

10 a) Parce que je vais être en retard
   b) Parce que je suis fatigué
   c) Parce que je vais me promener

Un coup de téléphone

Matthew is alone in the house when a friend of Madame Guyard's telephones. Matthew has to pass on a message, so he makes notes in English to remind him what he has to say. Listen to the conversation and see if you can do the same.

Write down in English, with as much detail as possible, the two important pieces of information that Matthew must pass on to his hostess.

Interview 🔲

A French girl staying in England is interviewed. Listen carefully to the questions and her answers and write down everything you find out about her. Begin with: 'She is called Anne-Lise Mayet'.

Lecture

Here are some signs and notices that you might see whilst walking around a French town. How would you interpret them?

1   (On a notice board outside a museum)

> OUVERT SANS INTERRUPTION
> DU LUNDI AU VENDREDI
> DE 8H À 19H

2 (At the entrance to a supermarket)

> PRENEZ UN CHARIOT
> L'USAGE EN EST OBLIGATOIRE
> MERCI

3 (At the entrance to a building-site)

> CHANTIER INTERDIT
> AU PUBLIC

6 (Inside a large post office building)

> PTT
> Bureau de poste
> au premier étage

4 (Hanging on a railing in a park)

> PEINTURE
> FRAÎCHE

5 (At the entrance to a park)

> CIRCULATION
> INTERDITE
> À TOUS
> VÉHICULES
> À MOTEUR

7   (At a large bus station)

> IL EST FORMELLEMENT
> INTERDIT DE TRAVERSER
> LES CHAUSSÉES.
> UTILISEZ LE
> PASSAGE SOUTERRAIN

8 (In a park)

> NE TOUCHEZ PAS
> AUX FLEURS

9   (At a taxi rank)

> TAXIS: TÊTE DE STATION

10 (Under traffic lights)

> PIÉTONS
> ATTENDEZ

Lettre d'une jeune Française

Pour se comprendre mieux, les correspondants écrivent, naturellement, beaucoup de lettres. Voici une lettre de Marie-Odile Arsac à sa correspondante anglaise, Jane Saunders:

Dinan
le 22 septembre

Chère Jane,

Je suis très heureuse d'être ta correspondante. Je voudrais bien avoir des détails sur toi et ta famille. D'abord, je vais me décrire un peu.

Je suis de taille moyenne, 1.60 mètres (en anglais, c'est 5 ft 3 in, je crois). Je pèse 51 kg (8 st 1 lb à peu près). Je suis donc assez mince. J'ai les cheveux roux, courts et frisés. Mes yeux sont verts. Je porte des lunettes pour lire et pour regarder la télévision.

Je vais à un CES, c'est à dire, un Collège d'Enseignement Secondaire. J'ai l'impression que c'est presque la même chose que les Comprehensive Schools en Grande Bretagne. Au collège, je suis en troisième — pour toi, c'est le quatrième, n'est-ce pas? Ça c'est assez difficile à comprendre, non? Ma matière préférée, c'est le français, et je suis assez forte en anglais et en allemand. Les sciences ne m'intéressent pas beaucoup et je suis très faible en mathématiques.

Et toi? Quelles matières aimes-tu? Tu as des passe-temps? Tu as des animaux? Est-ce que tu pratiques un sport? Écris-moi vite pour me donner des détails.

Marie-Odile

Lisez la lettre, puis répondez aux questions suivantes:

1 Where does Marie-Odile live?
2 What does Marie-Odile request in the first paragraph?
3 Is the second paragraph devoted to:
   a) a description of herself?
   b) an account of what she likes doing?
   c) an account of what she does at school?
4 What is the name of the French equivalent of a comprehensive school?

5 Complete the following statements about Marie-Odile:
   Her favourite subject is . . .
   She is good at . . .
   She is not good at . . .
   She is not very interested in . . .
6 What four specific questions does Marie-Odile ask Jane?
7 Write in English a brief description of Marie-Odile's physical appearance.

Conseils aux baigneurs

Ne vous baignez jamais en dehors des limites indiquées par deux mâts.

Observez les signaux d'avertissement.

Obéissez aux avis et rappels (coups de trompe) des surveillants de la plage.

La marée descendante est souvent dangereuse du fait de courants qui entraînent vers le large.

Il est rigoureusement interdit de se déshabiller sur la plage; des cabines sont à votre disposition.

Signaux d'avertissement :
— Drapeau **rouge** en haut du mât : **bains interdits**.
— Drapeau **orange** : **baignade dangereuse surveillée**.
— Drapeau **vert** : **baignade autorisée et surveillée**.
— Pas de drapeau : **pas de surveillance**.

Les bains doivent être pris de préférence de 10 à 12 heures, ou de 15 à 17 heures, c'est-à-dire le plus entre les repas. — Les premiers bains doivent être courts, 2 à 3 minutes, puis et enfin, 10 minutes. Ne pas laisser les enfants dans l'eau, s'ils ressentent un frisson. — Pendant le bain, faire jouer l'enfant, le faire accroupir de façon que son corps trempe entièrement dans l'eau de mer. Au sortir de l'eau, il est recommandé de l'essuyer vigoureusement et de lui faire prendre de l'exercice pour faire la réaction. — Cette action de l'air et de la mer sera complétée par l'action du soleil, mais là aussi des précautions sont nécessaires, car il faut adapter vos enfants à la cure solaire. Vous devez, de préférence, commencer, dans la matinée, un quart d'heure le premier jour et augmenter d'une dizaine de minutes chaque jour pendant la première semaine. Après cette période d'adaptation, vous pourrez prolonger cette cure par des séances d'après-midi.

Tout est fonction de la pigmentation de la peau, elle brunit d'autant plus vite que le sujet est plus brun et plus résistant. Le pigment créé par le soleil est une réserve d'énergie pour lutter contre les maladies, et c'est très bon signe de se pigmenter très rapidement au soleil. Lorsque la pigmentation générale sera obtenue, les séances d'exposition pourront être aussi prolongées qu'on le désire.

Conseils aux baigneurs

This 'advice to bathers' is printed in a brochure in an attempt to make sea-bathing absolutely safe. Read it carefully, then answer the questions:

1 What do the two masts indicate?
2 What must be observed?
3 Why is the out-going tide particularly dangerous?
4 What is strictly forbidden?
5 Three flags of different colours are used to inform bathers whether it is safe to bathe or not. What are the colours and what do they indicate?
6 Why is one advised to bathe between 10 o'clock and midday and between 3 o'clock and 5 o'clock?
  a) Because the water is at its warmest then
  b) Because the tide is most favourable then
  c) Because these times are mid-way between meals
7 For children, two things are recommended when they come out of the water. What are they?
8 Precautions are also urged against over-exposure to the sun. What is the suggested programme for the first week?

CORRESPONDANTS

276.32 — Agathe, de Saint-Germain-en-Laye (78), cherche correspondante, 14 ans, sympa, aimant rigoler, les chevaux, les chiens, le funk, le reggae, le rock, un petit peu le punk et le hard, pas trop à la mode.

276.33 — Meriem, d'Alger (Algérie), cherche correspondant(e), 12-14 ans, habitant n'importe quel pays, parlant français et faisant de l'anglais, passant ses vacances en Bretagne (si possible), aimant le sport et en particulier la natation (pas obligatoire).

276.34 — Virginie, de Saint-Marcellin (38), cherche correspondant, 14-15 ans, habitant la Martinique pour échanges, aimant le tennis, l'histoire, les boums, parlant français et habitant dans une villa.

276.35 — Elsa, de Restin-dières (34), cherche correspondante, 12-13 ans, habitant ou passant ses vacances à Nouméa, l'île de la Réunion, Tahiti.

276.36 — Valérie, de Paris 19e, cherche correspondante, 11 ans, en CM2, aimant les chiens et les poissons rouges (d'eau froide), la lecture, et habitant Paris 19e.

Cherchez un correspondant ou une correspondante

Not all young French people want to have a penfriend in Great Britain.

Here is an extract from the small ads section of a magazine for young people. The magazine is read in France and in other French-speaking countries.

Study the extract then answer the questions.

1 Which two people specifically ask for penfriends living outside France?

2 Which two people want a penfriend who likes animals? Which animals are mentioned?

3 Which two people mention sport? Which two sports do they mention?

4 Three people specifically request a female penfriend. Who are they? Who wants a male penfriend? Who would like either sex?

5 Meriem lives in Algeria. Where does she want her penfriend to live?
   a) England   b) Brittany   c) Any country

6 From what Agathe says about the kind of penfriend she would like, it is possible to learn something about her. Complete this sentence in the most appropriate way:
   Agathe est probablement . . . sérieuse/amusante/timide.

7 If you were looking for a penfriend, which of these ads would you answer? Give your reasons.

Grammaire

Using verbs

1 The infinitive

This is the form of the verb you will find in dictionaries. It is a way of referring to a verb when no particular person and no particular tense is implied.
e.g. parler *to speak*

Regular verbs are grouped according to their infinitives. There are three groups of regular verbs:
a) *-er* verbs
b) *-ir* verbs
c) *-re* verbs

Once you learn the pattern of endings for each of these three groups, you can use that pattern for all other regular verbs of the same group.

2 The present tense

As the name implies, this is the form of the verb used to express what is happening now. If you were a French student learning English, you would have to cope with three different forms of the present tense:
I speak English
I am speaking English
I do speak English

For you, learning French, there is just one form to learn:
Je parle anglais   *I speak English*
                    I am speaking English
                    I do speak English

The ending of the verb varies with the person doing the verb. The endings for regular *-er*, *ir* and *-re* verbs can be found in the Grammar reference on p. 150.

As you might expect, some of the most common

verbs are irregular. They do not follow any pattern and must be learnt individually. In this lesson, you have encountered four of the most useful irregular verbs: *avoir*, *être*, *faire* and *aller*. The endings for these and other irregular verbs can be found in the verb table on p. 153.

3 Reflexive verbs

These can be recognised by the extra pronoun which appears in front of them. The reflexive pronouns are:

Je **me** . . .   Nous **nous** . . .
Tu **te** . . .   Vous **vous** . . .
Il **se** . . .   Ils **se** . . .
Elle **se** . . .   Elles **se** . . .
On **se** . . .

se is also used for the infinitive

It is helpful to think of these pronouns as meaning **myself**, **yourself**, **himself**, etc:
Je **me** lève *I get (**myself**) up*
Il s'habille *He gets dressed*, i.e. *he dresses **himself***
s'amuser *to have a good time*, i.e. *to amuse **oneself***

4 Aller with the infinitive

This is a simple way of expressing future time. It has a direct equivalent in English:
Je **vais prendre** du vin *I am going to have some wine*
Vous **allez jouer** au tennis? *Are you going to play tennis?*

On **va s'amuser** *We are going to have a good time*
You need the present tense of *aller* and the infinitive of the appropriate verb.

Adjectives

In English, adjectives never change their form. In French, they must agree with the person or thing they are describing. Therefore, they have masculine and feminine, singular and plural forms. A dictionary gives the masculine singular form. To this form, you add *-e*, *-s*, *-es*, for feminine singular, masculine plural and feminine plural respectively:

Il est content
Elle est content**e**
Ils sont content**s**
Elles sont content**es**

Inevitably, there are a number of adjectives which do not follow this rule:
Il est heureux; elle est heureu**se**.
Il est beau; ils sont beau**x**.

The vocabulary at the end of this lesson contains some of the irregular adjectives. A fuller list will be found in the Grammar reference on p. 146.

Adjectives usually come after the noun they are describing, *e.g. une pomme verte*. A few come before the noun, e.g. *un gros sandwich*.

Again, a full list of these can be found in the Grammar reference on p. 147, and should be learnt.

Vocabulaire

People

le père *father*
la mère *mother*
le fils *son*
la fille *daughter*
le frère *brother*
la soeur *sister*
le grand-père *grandfather*
la grand-mère *grandmother*
l'oncle *uncle*
la tante *aunt*
le cousin *cousin (male)*
la cousine *cousin (female)*
le copain *friend (male)*
la copine *friend (female)*
l'ami *friend (male)*
l'amie *friend (female)*
l'enfant *child*

le correspondant *penfriend (male)*
la correspondante *penfriend (female)*

Countries

la France *France*
la Grande-Bretagne *Great Britain*
l'Angleterre *England*
l'Écosse *Scotland*
l'Irlande *Ireland*
le Pays de Galles *Wales*
le Canada *Canada*
les États-Unis *United States*

Adjectives

aimable *nice, kind*
amusant(e) *funny, amusing*
beau/belle *beautiful, handsome*
bon(ne) *good*
content(e) *happy, pleased*
drôle *funny*
faible *weak*
fort(e) *strong*

gentil(le) *kind*
grand(e) *large, tall*
gros(se) *large, fat*
heureux/se *happy*
intelligent(e) *intelligent*
joli(e) *pretty*
méchant(e) *naughty, nasty*
mince *slim*
sensas, sensationel(le) *great, terrific*
sympa, sympathique *nice, likeable*
timide *shy*
triste *sad*

Nationalities

français(e) *French*
britannique *British*
anglais(e) *English*
écossais(e) *Scottish*
irlandais(e) *Irish*
gallois(e) *Welsh*
canadien(ne) *Canadian*
américain(e) *American*

On va en ville

Aims

1 Asking the way and understanding directions

2 Buying refreshments in a café

3 Buying a meal in a restaurant

ITINERAIRE. PIETONS
CENTRE. VILLE
SYNDICAT. D'INITIATIVE
MUSEE. PABLO. CASALS
EXPOSITION. MARTIN. VIVES

Phrases clef

In the street

Ce qu'il faut dire

Pardon, madame/monsieur *Excuse me*

Pour aller à la gare s'il vous plaît?
Could you tell me the way to the station, please?

Y a-t-il un café près d'ici?
Is there a café near here?

Où est l'arrêt d'autobus? *Where is the bus stop?*

Où se trouve le commissariat?
Where is the police station?

C'est loin? *Is it far?*

C'est loin à pied? *Is it far to walk?*

Voulez-vous répéter s'il vous plaît?
Would you say that again, please?

Ce qu'il faut comprendre

Tournez à droite   *Turn right*

Prenez la première rue à gauche
Take the first street on the left

Allez tout droit   *Go straight on*

C'est tout près à cent mètres d'ici
It's very close, a hundred metres from here

Traversez le pont, c'est juste en face
Cross the bridge, it's right opposite

In a café

Ce qu'il faut dire

Je voudrais un café-crème, s'il vous plaît
I'd like a white coffee please

Vous avez des croissants?
Have you any croissants?

Qu'est-ce que vous avez comme sandwichs?
What sandwiches have you got?

L'addition, s'il vous plaît
Could I have the bill, please?

Le service est compris?   *Is the tip included?*

Ce qu'il faut comprendre

Qu'est-ce que vous prenez, monsieur?
What would you like?

In a restaurant

Ce qu'il faut dire

Je prends le menu à quatre-vingt-quatre francs
I'll have the 84 franc menu

Qu'est-ce que c'est, le plat du jour?
What is today's recommended dish?

Je ne prends pas de dessert
I'm not having a dessert

Ce qu'il faut comprendre

Vous avez choisi?
Have you chosen what you want?

Et comme boisson?
What would you like to drink?

Bon appétit   *I hope you enjoy your meal*

Rappel!

Vous êtes en vacances en France. Vous vous trouvez dans une ville que vous ne connaissez pas du tout. Vous avez, sans doute, un plan de la ville, mais ces plans ne sont pas toujours faciles à comprendre. Vous vous êtes perdu? Vous cherchez un certain musée, une banque, une pharmacie? Que faire? Vous devez tout simplement demander poliment à un passant.

Savez-vous vous débrouiller? Écoutez ces dialogues puis répondez aux questions:

Dans la rue (1)

1 What directions did the lady give the man?
2 How far does he have to go?
3 What problem did he have when she first spoke?

Dans la rue (2)

1 What is the lady looking for?
2 Where will she find it?
3 How does she get there?

Et, maintenant, après une longue matinée à pied, vous cherchez, sans doute, un café ou peut-être un restaurant. Ça doit être facile; car il y en a beaucoup dans toutes les villes en France.

Trouvez un bar ou un café pour prendre un sandwich et quelque chose à boire. Il y a aussi des brasseries, des bistros et des snack-bars où on sert des plats simples, par exemple des omelettes, de la charcuterie, des steak-frites. Puis, vous avez des restaurants self-service où vous pouvez manger vite à bon marché. Enfin, les vrais restaurants, grands et petits, où on peut passer une ou deux heures à midi ou le soir.

Savez-vous vous débrouiller dans un café ou dans un restaurant? Écoutez ces dialogues et répondez aux questions:

Au café

1 What question does the waiter ask?
2 What does the lady order altogether?

Au restaurant (1)

1 Which menus do the customers choose?
2 What do they order for the first and second courses?
3 What question does the waiter then ask?
4 What is the reply?

Au restaurant (2)

1 What does the customer ask for?
2 What question does he then ask?

Dialogues

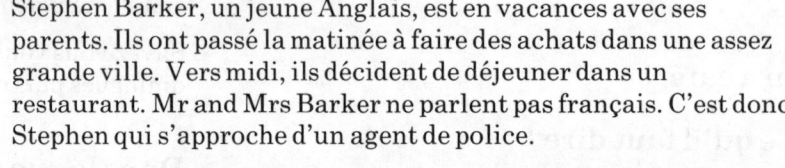

Dans la rue

Stephen Barker, un jeune Anglais, est en vacances avec ses parents. Ils ont passé la matinée à faire des achats dans une assez grande ville. Vers midi, ils décident de déjeuner dans un restaurant. Mr and Mrs Barker ne parlent pas français. C'est donc Stephen qui s'approche d'un agent de police.

Stephen: – Pardon, monsieur, pouvez-vous nous aider? Nous cherchons un restaurant. Il y en a un près d'ici?

Agent: – Mais oui, jeune homme. Il y en a plusieurs. Vous avez le Lion d'Or tout près à cent mètres. C'est très chic et célèbre . . . et aussi très cher.

Stephen: – Il y en a peut-être un autre plus modeste?

Agent: – Oui. Si vous prenez la deuxième rue à droite, vous trouverez le Mignon à votre gauche. Ou bien, il y a 'Flunch', rue des Allées. C'est une cafétéria self-service, mais c'est très bon et très populaire.

Stephen: – Et la rue des Allées, c'est loin d'ici?

Agent: – Pas trop. Traversez le pont et continuez jusqu'au carrefour, puis tournez à gauche. Flunch est à cinquante mètres sur votre gauche.

Stephen: – Pardon, monsieur, je ne comprends pas. Voulez-vous répéter tout ça – un peu plus lentement s'il vous plaît?

Agent: – D'accord. Traversez le pont . . .

Vous avez tout compris?

Regardez ce plan et indiquez les trois restaurants:

Restaurant A, c'est . . .?
Restaurant B, c'est . . .?
Restaurant C, c'est . . .?

À la brasserie

Sylvie et Etienne sont dans une brasserie pour prendre quelque chose à manger et à boire.

Etienne: – Qu'est-ce que tu veux prendre, Sylvie?

Sylvie: – Un citron pressé, s'il te plaît.

Etienne: – Madame, un citron pressé et un coca s'il vous plaît.

Serveuse: – Nous n'avons pas de citron pressé aujourd'hui; seulement du soda citron.

Sylvie: – Ça va pour moi.

Etienne: – Bon. Et qu'est-ce que vous avez à manger?

Serveuse: – Des sandwichs, des hot-dogs, des croque-monsieurs.

Etienne: – Quelles sortes de sandwichs avez-vous?

Serveuse: – Jambon, pâté, fromage et saucisson.

Etienne: – Donc, un croque-monsieur et un sandwich au pâté, s'il vous plaît, madame.

Vous avez tout compris?

Copiez la liste des prix de la brasserie. Indiquez:

a) Ce qu'on peut prendre aujourd'hui
b) Ce qu'on ne peut pas prendre aujourd'hui
c) Ce que prennent Sylvie et Etienne

Boissons

Coca-cola   7F
Soda   4F
Citron pressé   9F

Sandwichs etc.

Sandwich jambon   12F
         fromage   10F
         pâté   10F
         saucisson   12F

Hot-dog   13F
Croque-monsieur   13F
Frankfurter   10F
Omelette   10F

Au café

C'est mercredi après-midi. Quatre jeunes Français sont assis dans un café. Ils boivent des cocas.

Emmanuel: – On peut passer un disque au juke-box? Moi, je n'ai plus de pièces de 1 franc. Tu n'en as pas Pascal?

Pascal: – Si, mais je veux les garder pour jouer aux flippers.

Emmanuel: – Mais il faut absolument avoir de la musique.

Jean-Marc: – Si on jouait au babyfoot. Ça ne coûte rien.

Matthieu: – Bonne idée. Moi, j'ai très peu d'argent. La table est occupée en ce moment, mais on joue après, Jean-Marc?

Jean-Marc: – Oui, si tu veux.

Emmanuel: – Garde tes pièces Pascal. J'ai un billet de cinquante francs. Je vais demander de la monnaie au garçon.

Pascal: – OK. Vous savez qu'on va installer un jeu électronique ici la semaine prochaine? Qu'en pensez-vous?

Emmanuel: – Oui, je le sais. Sensas! Je les adore.

Jean-Marc: – Ah, non, alors. Je les trouve ennuyeux – et très chers.

Matthieu: – Je suis d'accord.

Emmanuel: – Tant mieux!

Matthieu: – Viens, Jean-Marc. On vient de finir la partie. La table de babyfoot est libre maintenant. Allons-y.

Jean-Marc: – J'arrive, mais d'abord je vais en haut aux toilettes.

Vous avez tout compris?

Écrivez *vrai* ou *faux* pour chaque phrase; corrigez les phrases fausses:

1 Les jeunes Français ne sont pas au collège cet après-midi.
2 Emmanuel ne veut pas écouter de la musique.
3 Emmanuel n'a plus d'argent.
4 Jouer au babyfoot, ça coûte cher.
5 Matthieu n'a pas beaucoup d'argent.
6 On vient d'installer un jeu électronique dans le café.
7 Jean-Marc et Matthieu n'aiment pas les jeux électroniques.
8 Les toilettes sont au sous-sol.

Au restaurant

Les parents de Stephen ont choisi, après tout, le Mignon. Ils entrent tous les trois, et encore une fois, c'est Stephen qui parle.

Stephen: – Une table pour trois.

Garçon: – Oui, monsieur. Par ici, s'il vous plaît, près de la fenêtre. Et voilà la carte.

(Quelques minutes plus tard, les Barker ont choisi ce qu'ils veulent prendre et le garçon s'approche de la table.)

Garçon: – Madame, messieurs, vous voulez commander?

Stephen: – Oui. Nous allons prendre le menu à cinquante-cinq francs. Pour ma mère la salade de tomates, pour moi la terrine au poivre vert. Mon père a envie de goûter les escargots. Vous n'en avez pas?

Garçon: – Si, mais vous comprenez, il y a un supplément de dix francs.

Stephen: – Ça va. Parfait. Et ensuite, je ne suis pas sûr. Qu'est-ce que c'est exactement le pintadeau?

Garçon: – C'est une espèce de volaille, monsieur, c'est absolument délicieux.

Stephen: – Bon, ça va pour moi, et pour mes parents la truite et les Côtes d'agneau.

Garçon: – Et comme boisson?

Stephen: – Une carafe de vin rouge et une bouteille d'eau minérale.

(Le garçon part. Stephen parle à une dame assise à la table à côté)

Stephen: – Excusez-moi, madame. Vous pouvez m'aider peut-être. Nous sommes anglais et c'est la première fois que nous déjeunons en France. Est-ce qu'il faut donner un pourboire?

La dame: – C'est comme vous voulez, mais ce n'est pas nécessaire. Le service est compris. C'est marqué sur la carte. Vous parlez très bien le français, jeune homme.

Stephen: – Merci, madame, mais je ne comprends pas encore les coutumes de votre pays.

Vous avez tout compris?

Répondez en français:

1 Où se trouve la table des Barker?
2 Qu'est-ce que le garçon donne à la famille Barker?
3 Qui choisit la salade de tomates?
4 Qu'est-ce que Mr Barker veut goûter?
5 Est-ce que Stephen prend la truite comme plat principal?
6 Est-ce que les Barker vont boire du vin blanc?
7 Est-ce qu'ils ont déjà déjeuné dans un restaurant français?
8 Qu'est-ce que Stephen ne comprend pas?

MENU À 55F
Salade de tomates
ou
Terrine au poivre vert
***
Pintadeau chasseur
ou
Côtes d'agneau grillés
ou
Escalope de veau
ou
Truite aux amandes
***
Pommes frites ou riz
***
Fromage
ou
Fruit
ou
Glaces
ou
Crème Caramel

Voilà le menu à 55F au restaurant Mignon.
Que choisissez-vous?

Résumé

Dans la rue

Pardon,	monsieur,	pour aller	à la	gare	s'il vous plaît?
			à l'	hôtel St Marc	
			au	musée	

Y a-t-il	une banque			près d'ici?
	un restaurant			
	un arrêt d'autobus			

| Où se trouve | la mairie? | | C'est loin | d'ici? |
| | le camping? | | | à pied? |

| Voulez-vous | répéter | | s'il vous plaît? |
| | parler plus lentement | | |

| Tournez à | gauche |
| | droite |

Allez tout droit

Prenez	la première	rue à	gauche
Montez	deuxième		droite
Descendez	troisième		

Traversez	la rue
	la place
	le pont

C'est	tout près		Ce n'est pas très loin
	assez loin		trop
	à cinq minutes		
	à deux cent mètres		

Au café

Je voudrais	un café-crème	s'il vous plaît
Je prends	un citron pressé	
Donnez-moi	une bière	

| Vous avez | des sandwichs? |

| Qu'est-ce que vous avez | | comme sandwichs? |
| | | à manger? |

L'addition, s'il vous plaît

Le service est compris?

On peut	passer un disque au juke-box?
Tu veux	jouer au babyfoot?
	jouer aux flippers?

Où sont les toilettes s'il vous plaît?

Au restaurant

Je prends	le menu à cinquante francs	
Nous prenons	le plat du jour	
On prend		
Qu'est-ce que c'est	le plat du jour?	
	le pintadeau?	
Pour commencer, on prend	les hors d'oeuvres variés	
Comme entrée,	la salade de tomates	
	le pâté maison	
Ensuite,	je prends	la truite
Comme plat principal,		le poulet
		le steak
Comme dessert, je prends	une glace	
	une crème caramel	
	un fruit	
	de la tarte aux pommes	
	un yaourt	
Je ne prends pas	d'entrée	
	de frites	
	de fromage	
	de dessert	
Et comme	boisson, monsieur?	
	légumes,	
	dessert,	
Vous	avez choisi?	
	voulez commander?	
On donne un pourboire	Le service n'est pas compris	
Bon appétit		

Activités

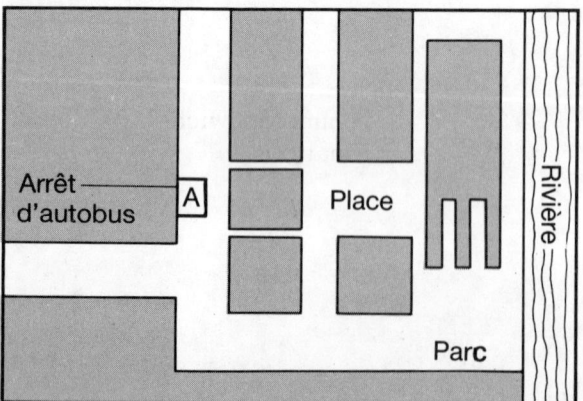

Arrêt d'autobus — A — Place — Rivière — Parc

Deux à deux   (See page 32)

Où habites-tu exactement?

A

You are going to visit, for the first time, a friend who lives on the other side of town. The friend telephones to give directions. Trace the instructions on the plan (left), then check with the friend (your partner) that you would arrive at the correct place.

Then change roles: you decide where you might live, give your partner instructions, then check that they are followed correctly. Start at the bus-stop.

Remember not to mark the plan.

Bon appétit

Working with your partner, compose and practise dialogues between customer and waiter/waitress around the following situations:

1 Ask if there is a table near the window.
Order the 60 franc menu.
The meal you choose is:
Starter: Cold meat
Main course: Lamb chops
Peas
Dessert: Strawberry ice-cream
You do not want any cheese.
Order mineral water to drink.

2 Find out what the recommended dish for today is.
You are told it is roast chicken.
Order this with chips.
For the first course, you choose pâté.
You have some cheese, but no dessert.
Order a bottle of good red wine to drink.
Ask for the bill and if the tip is included.

3 You have 150F to spend on a meal (not including a drink). What would you choose from the menu of this rather exclusive restaurant?

I

Terrine de volaille	21F
Cuisses de grenouilles	29F
Salade niçoise	18F
Coquilles St. Jacques	27F
Fruits de mer	22F

II

Homard Thermidor	57F
Filet de Sole	33F
Turbot beurre blanc.	48F

III

Entrecôte bercy	40F
Tournedos béarnaise	45F
Chateaubriand	60F
Canard à l'orange	39F
Gigot d'agneau.	38F

IV

Légumes et salade de saison	15F

V

La voiture de Fromages	17F

VI

Crêpe flambée au cognac	19F
Tarte aux fraises	12F
Pâtisserie chantilly	13F
Gâteau au chocolat	14F

Un peu de conversation

Answer these questions by choosing from among the possible replies the one that is true for you. Learn the questions and answers and practise the conversation with a partner. Make the conversation sensible. For instance, if your partner says that he or she never goes to a restaurant, don't then ask: 'Avec qui?'

Est-ce qu'il y a beaucoup de restaurants dans votre ville?
– Oui. C'est une grande ville (touristique).
– Je crois que oui, mais je ne suis pas sûr(e).
– Non, pas beaucoup. Ce n'est pas très grand.
– J'habite un village. Il n'y a pas de restaurant.
– Je ne sais pas.

Est-ce que tu vas quelquefois au restaurant ou au café?
- Oui, très souvent
- Presque tous les samedis
- De temps en temps
- Non, très rarement
- Non, jamais

Avec qui?
- avec mes parents
- avec ma famille
- avec mes copains/copines

À quelle heure est-ce que tu prends ton repas du soir, généralement?
- vers cinq heures et demie
- entre six heures et six heures et quart
- Ça dépend. Quelquefois je mange un sandwich ou des gâteaux quand j'arrive à la maison, et un plus grand repas plus tard.
- Je mange deux fois le soir, à cinq heures et à neuf heures.

Qu'est-ce tu préfères manger?
- J'aime tout.
- J'aime surtout le poisson/la viande/les frites/les fruits/les biscuits/les bonbons/le chocolat etc.

Deux à deux   *(See page 30)*

Ou habites-tu exactement?

B

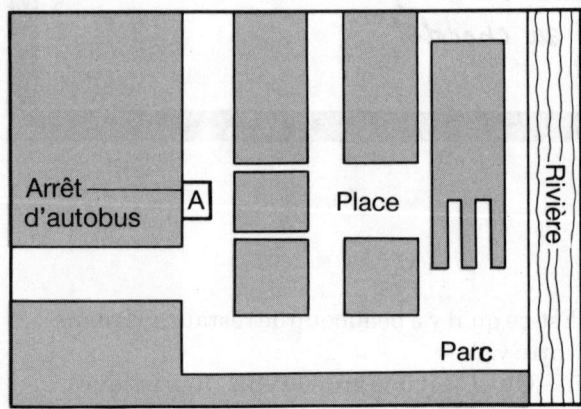

Your partner is a friend who is coming to visit your home for the first time. Look at the plan,

decide where your house is, then telephone instructions to your friend. Check with your partner that the destination is correct. Start at the bus-stop.

Change roles: trace your partner's instructions, then check that the destination is correct.

Remember not to mark the plan.

Exercices

Pas aujourd'hui

A friend rings you with some suggestions, but you are feeling unwell and irritable. Answer your friend's questions, but begin each answer with *Non, . . .*:

Ça va?
Tu as mal à la tête?
Tu vas aller chez le médecin?
Tu veux sortir?
Est-ce que je peux venir chez toi?
Est-ce que Pierre vient?
Tu vas chez Pierre ce soir?
Alors, tu te couches maintenant?

Pas du tout

Answer these questions negatively, choosing appropriately from *ne . . . pas, ne . . . plus, ne . . . jamais, ne . . . rien, ne . . . personne:*

1 Tu aimes ce disque?
2 Tu as de l'argent?
3 Tu vois quelqu'un?
4 Tu regardes souvent la télé?
5 Qu'est-ce que tu as dans la main?

Pour aider un ami

Your friend, Tim, who does not know much French, wants to reply in French to his French penfriend. Write part of the letter for him, answering his penfriend's questions. Tim has told you what he wants to say:

Yes, he has got one sister, Kate, who is nine. No, he hasn't got a dog. He wants to buy a cat, but he can't: his mother doesn't like animals. On Saturdays he sometimes goes into town, but he doesn't buy anything and never goes to a restaurant.

On vient de faire quelque chose

Choose the correct ending to complete the caption for each picture. You need to insert the correct form of *venir*:

1 Je . . .

2 Tu . . .

3 Il . . .

4 Elle . . .

5 Nous . . .

6 Vous . . .

7 Ils . . .

manger du chocolat; traverser la Manche; acheter un chapeau; finir mes devoirs; monter l'escalier; manquer le bus; se réveiller

On veut, mais est-ce qu'on peut?

Fill the gaps in these pairs of sentences. Give the correct form of *vouloir* for the first of each pair, and the correct form of *pouvoir* for the second:

1 Je . . . . . prendre une douche. Je . . . . . avoir une serviette?

2 Tu . . . . . m'aider? Alors, tu . . . . . mettre la table.

3 Il . . . . . manger quelque chose. Il . . . . . faire un sandwich.

4 Vous . . . . . goûter du vin rouge? Vous . . . . . le prendre avec de l'eau.

5 Ils . . . . . aller en ville. Ils . . . . . prendre l'autobus.

33

Entendu

Qu'est-ce qu'il a dit?

Listen to these short extracts from dialogues. Some take place in the street and some in a restaurant. After each one, write down in English what the **man** says.

Au Syndicat d'Initiative de Gaillac

An employee in a tourist information office is often asked the way to various places in the town. Listen to these replies given in the Syndicat d'Initiative at Gaillac, then consult the plan and write down the **question** that each tourist asked.

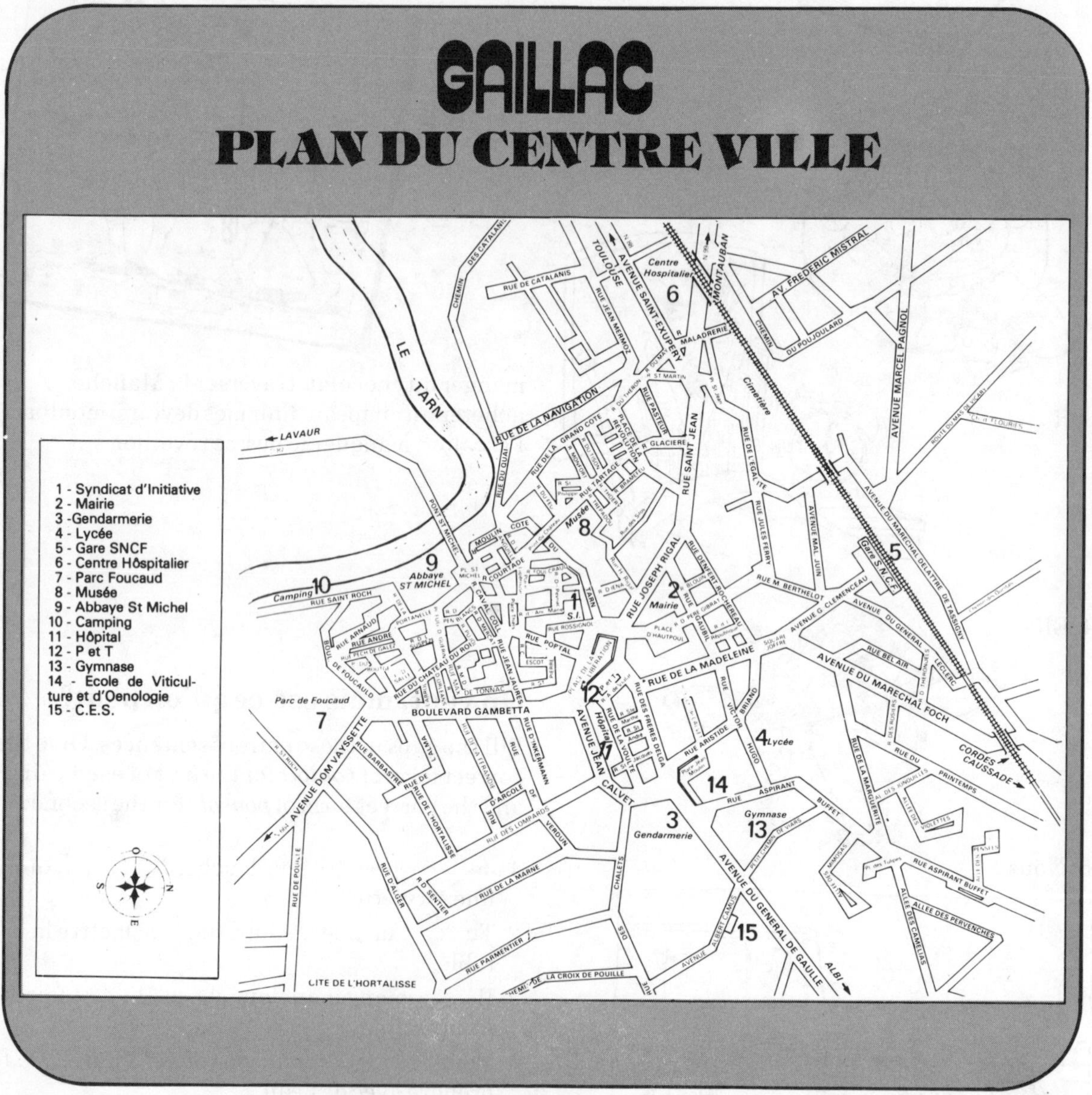
GAILLAC
PLAN DU CENTRE VILLE
1 - Syndicat d'Initiative
2 - Mairie
3 - Gendarmerie
4 - Lycée
5 - Gare SNCF
6 - Centre Hôspitalier
7 - Parc Foucaud
8 - Musée
9 - Abbaye St Michel
10 - Camping
11 - Hôpital
12 - P et T
13 - Gymnase
14 - Ecole de Viticulture et d'Oenologie
15 - C.E.S.
LE TARN
LAVAUR
ALBI
CORDES CAUSSADE
BOULEVARD GAMBETTA
RUE DE LA MADELEINE
AVENUE DU MARECHAL FOCH
AVENUE DU GENERAL DE GAULLE
AVENUE DOM VAYSSETTE
RUE DE LA NAVIGATION
AVENUE MARCEL PAGNOL
AV. FREDERIC MISTRAL
RUE JOSEPH RIGAL
RUE SAINT JEAN
CITE DE L'HORTALISSE

Bon anniversaire!

To celebrate her birthday, Caroline invites her friends to have a drink in a café. Listen to the tape, look at the price list and calculate how much Caroline will have to pay altogether.

TARIFS			
BOISSONS		Jus d'orange	8.50
Coca-cola	7.50	d'ananas	8.90
Orangina	6.80	de pamplemousse	8.90
Limonade	6.40	Café	4.50
Citron pressé	9.80	Café-crème	6.70
Diabolo	7.80	Thé	6.10

Lecture

Read this publicity for the restaurant 'Relais de la Gare', then answer the questions:

1 What does the publicity say about the restaurant's setting, wine-cellar and prices?

2 What do you think is the difference between *une carte* and *un menu*?

3 What does the restaurant offer for private parties?

4 When exactly is the restaurant open?

5 How could you pay for a meal other than by cash?

6 What does the publicity say about parking facilities?

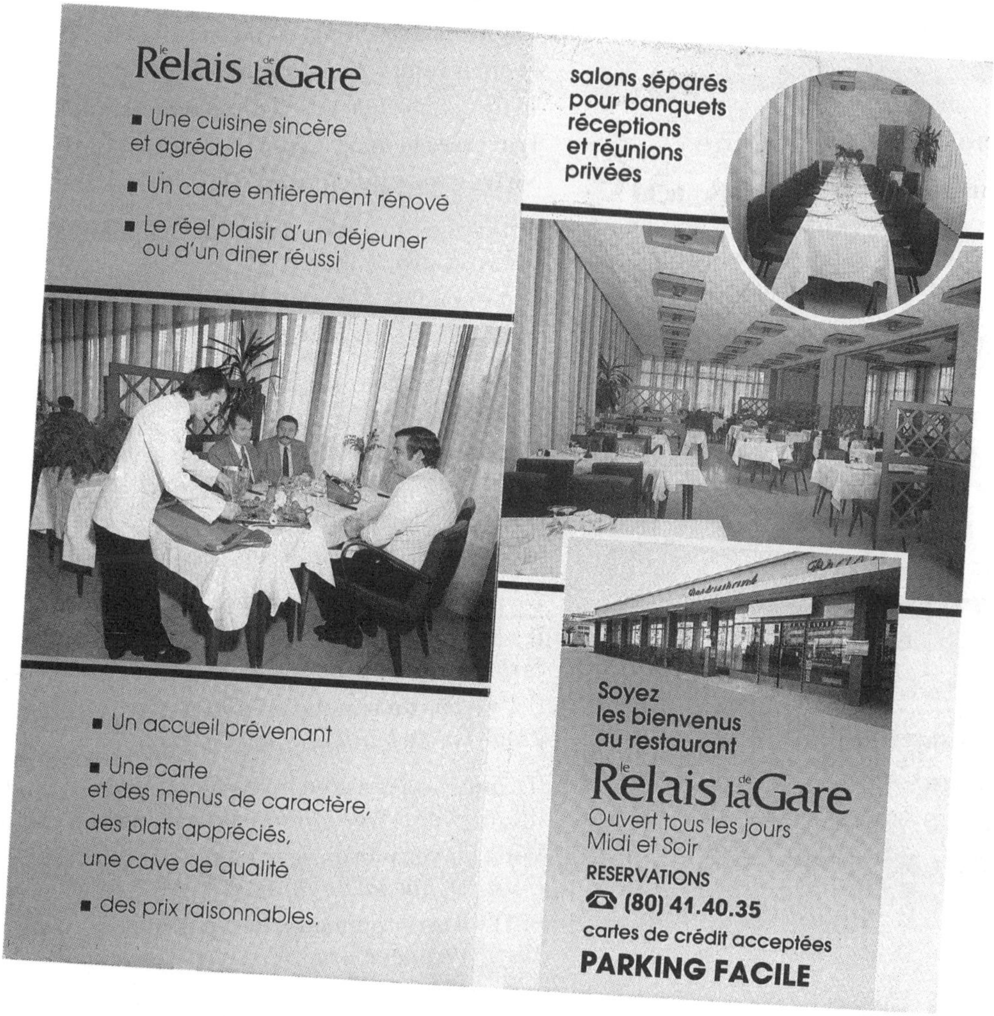

le Relais de laGare

- Une cuisine sincère et agréable
- Un cadre entièrement rénové
- Le réel plaisir d'un déjeuner ou d'un dîner réussi

salons séparés pour banquets réceptions et réunions privées

- Un accueil prévenant
- Une carte et des menus de caractère, des plats appréciés, une cave de qualité
- des prix raisonnables.

Soyez les bienvenus au restaurant

le Relais de laGare

Ouvert tous les jours Midi et Soir

RESERVATIONS
☎ (80) 41.40.35

cartes de crédit acceptées

PARKING FACILE

Un peu de cuisine

Here is the recipe for *salade de tomates*, so often served as a first course in France. Read it carefully, then answer the questions:

1 How long does it take to make this salad?
2 Tomatoes are the main ingredient. What condition should they be in?
3 A *picholine* is a pickled olive. What are the other two main ingredients?
4 What exactly do you need to make the *vinaigrette dressing*?
5 How should you prepare the tomatoes before placing them in the bowl?
6 What tip is given to peel the tomatoes easily?
7 What two things are sprinkled on last of all?

Why not try making this simple salad for yourself?

SALADE DE TOMATES (pour 4 personnes).

Préparation:
10 minutes.
Ingrédients:
4 tomates
assez mûres.
2 œufs durs.
1 boite de
filets d'anchois.
100 g
de picholines
1 gousse d'ail,
persil.
Pour la
vinaigrette:
2 cuillerées à
soupe de
vinaigre.
3 cuillerées à
soupe d'huile,
sel, poivre.

Mettez dans un saladier les tomates pelées, épépinées et coupées en morceaux (pour peler facilement les tomates, plongez – les pendant 2 minutes dans l'eau bouillante). Ajoutez-y les filets d'anchois, les œufs durs coupés en rondelles, les picholines, arrosez avec la vinaigrette et saupoudrez d'ail et de persil haché.

Une carte postale de Bayonne

You receive this postcard from your French penfriend on holiday. Your parents, who do not understand French, ask you to translate it. Rewrite the card in English for their benefit.

Bayonne, le 18 juillet.
Nous venons de nous baigner dans la mer, et maintenant nous sommes assis sur la plage. C'est très bien ici à Bayonne. Il fait toujours chaud. Notre hôtel est assez modeste, mais il a un bon restaurant. Demain, nous allons dans les Pyrénées, peut-être en Espagne. L'année prochaine, j'espère que tu pourras nous accompagner en vacances.
Amitiés, Dominique

Grammaire

Negatives: saying that something is not going on

Use *ne* before the verb and *pas* after it:
Je comprends *I understand*
Je **ne** comprends **pas** *I don't understand*
Traversez le pont *Cross the bridge*
Ne traversez **pas** le pont Do not cross the bridge

With reflexive verbs, the *ne* comes before the reflexive pronoun:
Je me couche *I am going to bed*
Je **ne** me couche **pas** *I am not going to bed*

After a negative, *du, de la* and *des* (some, any) all become *de*:
Vous avez du citron pressé?
Have you got any fresh lemon-juice?

Nous n'avons pas **de** citron pressé
We haven't any fresh lemon-juice

Un and *une* also become *de* after a negative:
Il y a **une** banque près d'ici?
Is there a bank near here?

Il n'y a pas **de** banque près d'ici
There isn't a bank near here

If a question is asked in the negative form, and the answer is 'yes', then *si* is used instead of *oui*:
Vous **n**'avez **pas** d'escargots?
Have you not got any snails?

Si, il y a un supplément de dix francs
Yes, ten francs extra

Sometimes you want to express a negative idea other than simply 'not'. The following words can be used instead of *pas*:

plus: Je **n**'ai **plus** d'argent
  I haven't any more money

  Il **ne** fume **plus**
  He doesn't smoke any longer

rien: Ça **ne** coûte **rien**
  That costs nothing (That doesn't cost anything)

jamais: Je **ne** vais **jamais** à ce café
  I never go to that café

personne: Il **n**'y a **personne** dans le café
  There's no one in the café

The last three can also be used on their own in answer to a question:

Que fais-tu? **Rien**   *What are you doing? Nothing*

Tu joues aux cartes? **Jamais**
Do you play cards? Never

Qui est là? **Personne**   *Who's there? Nobody*

Saying what you want to do/are able to do

Use *vouloir* with an infinitive to say what you want or wish to do:

Qu'est-ce que tu **veux** prendre?
What do you want to have?

Use *avoir envie de* to say that you feel like doing something:

Mon père **a envie de** goûter les escargots
My father feels like trying snails

Use *pouvoir* to say what you can do, again with an infinitive:

Pouvez-vous m'aider?   *Can you help me?*

The forms of *vouloir* and *pouvoir* have so much in common that it is a good idea to learn them together:

Je veux	Je peux
Tu veux	Tu peux
Il veut	Il peut
Nous voulons	Nous pouvons
Vous voulez	Vous pouvez
Ils veulent	Ils peuvent

The French distinguish between being able to do something and knowing how to do something: *Je ne peux pas jouer au tennis* implies that you are capable of playing tennis, but something is preventing you on this occasion. To say that you don't know how to play tennis, use *savoir*: *Je ne sais pas jouer au tennis*.

Saying that something has just happened

This is easily expressed by using the present tense of *venir*, followed by *de*, then an infinitive:

Je **viens d**'arriver   *I have just arrived*

Ils **viennent de** choisir ce qu'ils veulent prendre
They have just chosen what they want to have

Vocabulaire

Where things are

à gauche *on the left*
à droite *on the right*
tout droit *straight on*
derrière *behind*
devant *in front of*
là-bas *over there*
près de *near to*
loin de *far from*
à côté de *next to*
entre *between*
en face de *opposite*

Food and drink

l'agneau *lamb*
le beurre *butter*
la boisson *drink*
le citron pressé *fresh lemon-juice*
la crêpe *pancake*
le croque-monsieur *toasted ham and cheese sandwich*
les crudités *grated raw vegetables*
le déjeuner *lunch (midday meal)*
le diabolo *lemonade, flavoured with various cordials*
le dîner *evening meal*

les frites *chips*
les fruits de mer *shell fish*
les hors d'oeuvres *starters*
le jambon *ham*
le jus de fruit *fruit-juice*
le poisson *fish*
le poivre *pepper*
le poulet *chicken*
le repas *meal*
le riz *rice*
rôti *roasted*
le sel *salt*
la truite *trout*
le veau *veal*
le yaourt *yoghurt*

Accès aux trains

Aims

1 Getting information and buying tickets for rail travel

2 Saying what you must and must not do

3 Asking questions

Phrases clef

Ce qu'il faut dire

À quelle heure part le prochain train pour Dieppe?
What time does the next train for Dieppe leave?

Est-ce qu'il y a un train pour Paris?
Is there a train for Paris?

Le train pour Calais part de quel quai?
From what platform does the train for Calais leave?

SNCF

Pour être valable, ce billet doit être composté lors de l'accès au train

Billet classe

Départ	DIJON VILLE		Via							
Arrivée	PARIS GARE DE LYON									
Utilisable	DU 29.03.83 AU 28.05.83									
	POUR L'ALLER ET LE RETOUR		Tarif	Réduction	Adultes		Enfants	Animaux	Prix	
3 *319/*319 9571 045138 DIJON\VILLE 29.03.83 01	Particularités	5072 53214	PT	00	001		000	0		
7016 0010 12446549		S-88							F***220y00 ¥	

Un billet simple pour Rouen, s'il vous plaît
A single to Rouen, please

Je voudrais un aller et retour pour Bordeaux, s'il vous plaît
I would like a return to Bordeaux, please

C'est bien le train pour Boulogne?
Is this the train for Boulogne?

Est-ce qu'il faut changer?
Do I have to change?

C'est occupé? *Is this seat taken?*

Je dois descendre ici? *Do I have to get off here?*

Qu'est-ce qu'il faut faire?
What do you have to do?

Où est la consigne, s'il vous plaît?
Where is the left luggage office, please?

Ce qu'il faut comprendre

À treize heures trente *At one thirty p. m.*

Vous avez un train à sept heures cinq
You have a train at five past seven

Quai trois, voie deux *Platform three, line two*

Deuxième classe? *Second class?*

Non, c'est direct *No, it's a through train*

Non, c'est libre *No, it's vacant*

Rappel!

Si vous voulez voyager du nord jusqu'au sud de la France, il vous faut faire plus de mille kilomètres. Et de Brest, dans l'ouest, à Strasbourg, dans l'est, il y a presque la même distance. Oui, la France est grande. Regardez la carte pour voir qu'elle est plus de deux fois plus grande que la Grande Bretagne, avec plus d'un demi million de kilomètres carrés (km^2).

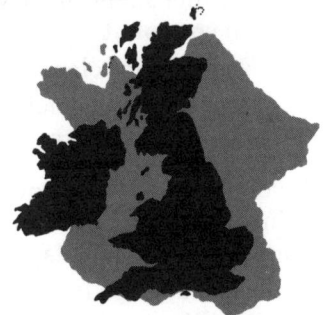

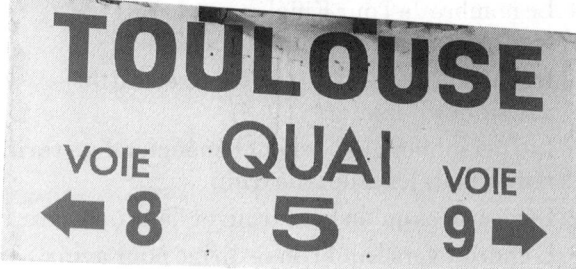

Prenez le train

Vous savez peut-être déjà ce que signifient les lettres SNCF: la Société Nationale des Chemins de Fer Français. Mais est-ce que vous saviez que:

– Chaque jour la SNCF transporte presque deux millions de voyageurs, c'est-à-dire l'équivalent de la population de quatre grandes villes comme Grenoble, Bordeaux, Nice et Nantes?
– Elle transporte aussi, chaque jour, plus d'un million de tonnes de marchandises, c'est-à-dire, l'équivalent de quatre-vingt-dix Tour Eiffel?
– Le TGV (Train à Grande Vitesse) de la SNCF détient depuis 1981 le record du monde de vitesse: 380 kilomètres à l'heure?

Mais la SNCF, ce n'est pas seulement une liste de faits-divers et de records. C'est une entreprise qui offre un service au public: des trains fréquents et réguliers, même dans les plus petits villages; des billets spéciaux pour les personnes âgées, pour les familles et pour les groupes; des services de tourisme; des services de car et d'autobus; et des gares où le voyageur peut se reposer, laisser ses bagages, avoir des renseignements, prendre un repas ou un snack, et, bien sûr, prendre un billet pour n'importe quel coin de la France ou de l'étranger.

Et si vous avez des problèmes, il y a toujours le Service d'Accueil pour vous aider.

Vous avez tout compris?

Cherchez les informations suivantes:

1 La distance approximative entre le nord et le sud de la France
2 Le nombre de kilomètres carrés que recouvre la France
3 Le nombre de voyageurs transportés chaque jour par les trains français
4 Le nombre de Tour Eiffel que pourrait transporter chaque jour la SNCF
5 La date où la TGV a atteint son record du monde de vitesse
6 Les personnes qui peuvent bénéficier d'un tarif réduit pour les billets de train
7 Les services qu'on peut trouver dans une gare
8 L'endroit vers lequel on se dirige pour avoir des renseignements

À la gare

Vous savez déjà ce qu'il faut dire et comprendre à la gare. Vous n'avez pas oublié?

Écoutez la bande, puis répondez aux questions suivantes en anglais:

1 What time does the lady's train leave?
2 What time does it get in?
3 How much does the man's ticket cost?
4 What sort of ticket is it?
5 What platform does his train leave from?

Dialogues

Au service d'accueil

1 **Dame:** — Bonjour, mademoiselle. Le prochain train pour Strasbourg part à quelle heure, s'il vous plaît?

Mlle Morlet: — À quinze heures quarante-cinq, madame. Arrivée à Strasbourg à dix-sept heures.

Dame: — Et le suivant?

Mlle Morlet: — À seize heures trente et toutes les quarante-cinq minutes, madame.

2 **Monsieur:** — Pardon, mademoiselle, est-ce qu'il y a un train pour Lyon?

Mlle Morlet: — Oui, monsieur, vous avez un train à dix heures quinze. Il y en a un aussi à neuf heures cinquante, mais il n'est pas direct. Il faut changer à Dijon.

Monsieur: — Merci, mademoiselle.

Mlle Morlet: — De rien. Bon voyage, monsieur.

Au guichet

1 **Jeune homme:** — Un aller simple pour Verdun, s'il vous plaît.

Employé: — En deuxième classe?

Jeune homme: — Bien sûr. C'est combien?

Employé: — Soixante-quatre francs.

2 **Dame:** — Je voudrais un aller-retour pour Reims, s'il vous plaît, et un billet demi-tarif pour mon fils.

Employé: — Voilà, madame. Ça fait cent quatre-vingt-cinq francs.

Dame: – Voilà deux cents.

Employé: – . . . et quinze.

Dame: – Merci, au revoir, monsieur.

3 Jeune fille: – C'est combien pour aller à
           Vittel, s'il vous plaît?

Employé: – C'est soixante-douze francs
           l'aller simple, cent quarante-
           quatre l'aller et retour.

Jeune fille: – Alors, donnez-moi deux allers
           simples, s'il vous plaît.

Accès aux quais

1 Dame: – Pardon, monsieur. Le train pour
           Chaumont, s'il vous plaît?

Porteur: – Quai trois, madame. Il faut prendre
           le passage souterrain. Mais
           dépêchez-vous, le train part dans
           deux minutes.

2 Dame: – Pardon, monsieur, où est la salle
           d'attente, s'il vous plaît?

Porteur: – Là-bas, madame, à côté des
           toilettes.

Dame: – Merci, monsieur.

Dans le train

Jeune fille: – C'est bien le train pour Domrémy,
           monsieur?

Voyageur: – Oui, c'est ça. Du moins je l'espère;
           moi aussi, je veux aller à
           Domrémy.

Jeune fille: – Tant mieux. Cette place est
           occupée?

Voyageur: – Non, mademoiselle, c'est libre.

Jeune fille: – Bon. Il ne reste pas beaucoup de
           places dans les compartiments
           non-fumeurs.

Voyageur: – Permettez-moi de mettre votre
           valise dans le filet.

Vous avez tout compris?

Écrivez *vrai* ou *faux* pour chaque phrase:

1 Il y a un train direct pour Lyon à neuf heures
   cinquante.

2 Il faut moins de deux heures pour aller à
   Strasbourg.

3 Les trains pour Strasbourg sont assez
   fréquents.

4 En général les enfants paient moins que les
   adultes pour voyager par le train.

5 Un aller simple pour Verdun coûte moins de
   soixante-dix francs.

6 La jeune fille qui va à Vittel prend un billet
   aller et retour.

7 Le train pour Chaumont est déjà parti.

8 Pour aller au quai numéro deux, il faut
   prendre le passage souterrain.

9 Le monsieur va descendre avant la jeune fille.

10 Les compartiments non-fumeurs sont presque
   complets.

Résumé

Est-ce qu'il y a un train pour Strasbourg?			Vous avez un train à 14h
			Il y a un train toutes les trente minutes

À quelle heure   part / arrive   le train?   À 12h 30

De quel quai   part   le train?   Du quai numéro sept

C'est direct?   Non, il faut changer à Nancy

Est-ce qu'il faut changer?   Non, c'est direct.

(Je voudrais)   un aller   simple / et retour   pour Strasbourg, s'il vous plaît?

(Donnez-moi)

C'est combien

un billet   demi-tarif / tarif réduit

C'est bien le train pour Strasbourg?

C'est occupé?   Oui, c'est occupé / Non, c'est libre

Où est   le   buffet / guichet / téléphone / bureau de renseignements   s'il vous plaît?

         la   consigne / salle d'attente

Où sont   les   toilettes

Activités

Deux à deux (1)   (See page 44)

Les horaires

A

Ask your partner five questions to fill in the missing information on this timetable. Your first question would be: *De quel quai part le prochain train pour Dijon?* You must also answer your partner's questions. When your timetable is completed, compare it with that of your partner to see if you have understood correctly.

Heure	Destination	Quai	Arrivée
10.03	Dijon	*	12.15
10.22	Besançon	5	*
*	Macon	1	11.33
11.38	Troyes	*	14.06
12.05	Bourg	2	*
12.15	Belfort	1	15.13

Les horaires: savez-vous vous débrouiller?

Put these questions to your partner, or work out the answers for yourself.

22 TOULOUSE – ALBI – CARMAUX – RODEZ

Train	7850	7854	7856	7858	7860	7958	7866	7862	7864	7876	7868
	⊕		⊕(1)		⊕	(2)	⊕★			⊕	⊕
TOULOUSE ...D	603	811	1016	1225	1428	1550	1710	1748	1853	2041	2127
ST-SULPICE/TARN	625	834	1043	1247	1452	1614	1736	1815	1918	2105	2148
GAILLAC	646	852	1103	1305	1512	1635	1755	1831	1940	2126	2208
TESSONNIÈRES	651	856	1107	1311	1517	1632	1800	1835	1945	2132	2213
ALBI ...A	706	907	1121	1325	1529	1700	1835	1850	2000	2144	2227
CARMAUX ⊕ ...D	709	910	1123	1327	1530		1819	1852	2003		2229
RODEZ ...A	732	927	1140	1350	1550		1843	1910	2027		2246
	845		1500				1955		2136		

(1) Entre Albi et Carmaux, ne circule que les dimanches et fêtes.
(2) De Gaillac à Albi, par autocar SNCF (ne circule pas les dimanches et fêtes).

RODEZ – CARMAUX – ALBI – TOULOUSE

Train	7851	7853	7855	7877	7857	7941	7861	7863	7867	7869	7873	7947	7875
	✗⊕	†⊕	✗⊕		⊕	(3)	⊕(4)	⊕(5)			⊕		⊕(6)
RODEZ ⊕✗ ...D					622			1035		1413		1835	
CARMAUX ⊕ ...A	525	530	608		735		1210	1310	1520		1943		2130
ALBI ✗ ...A	542	546	625		751		1228	1326	1537	1829	2001	2049	
TESSONNIÈRES ...D	544	547	626	708	754	1105	1229	1328	1547	1847	2006	2109	2150
GAILLAC	557	559	640	721	808	1134	1244	1339	1553	1851	2013	2113	2150
ST-SULPICE/TARN ⊕✗	603	604	648	726	813	1139	1249	1344	1559	1905	2018	2146	2202
TOULOUSE ✗ ...A	626	626	710	743	856	1159	1313	1359	1611	1911	2024	2152	2202
	650	650	733	811		1224	1337	1422	1614	1932	2046	2215	2229
										2005	2114	2239	2250

(3) D'Albi à Gaillac, par autocar SNCF (ne circule pas les dimanches et fêtes).
(4) De Rodez à Albi, par autocar à tarification libre (ne circule pas les dimanches et fêtes).
(5) Entre Carmaux et Albi, ne circule que les dimanches et fêtes.
(6) Circule les dimanches et fêtes (sauf les 11/11/83 et 22/4/84).

Vous êtes à la gare de Toulouse:

1 À quelle heure part le premier train pour Albi?

2 Est-ce qu'il y a un train pour Rodez à dix heures seize?

3 À quelle heure part le train qui arrive à Albi à dix-huit heures quinze?

4 À quelle heure part le dernier train?

5 Le train de dix-huit heures cinquante-trois, il arrive à Gaillac à quelle heure?

6 Il y a combien de trains par jour pour Carmaux?

7 Et pour Gaillac? Et pour Rodez?

8 Il faut combien de temps, en général, pour aller à Rodez?

9 Et à St-Sulpice?

10 Si on prend le premier train, à quelle heure peut-on arriver à Tessonnières?

11 Pour le retour, à quelle heure part le dernier train de Rodez?

12 Si on prend le train de dix-sept heures dix pour Rodez, est-ce qu'on peut revenir par le train le jour même?

Deux à deux (2)   (See page 44)

Le prix des billets

A

You are an employee of the SNCF working in the ticket-office at a station. You have a list of prices for single and return tickets to six different towns. Use the list to tell your partner the total price of the tickets he asks for. Most of your answers involve arithmetic!

Example:

Your partner says — Un aller simple et un aller et retour pour Muret, s'il vous plaît.

You reply — Voilà, monsieur/mademoiselle, ça fait trente-sept francs.

Prix des billets

Destination	Aller simple (A)	Aller et retour (AR)
Muret	15	22
Carbonne	26	39
Cazère	38	57
Boussens	57	86
St Gaudens	63	94
Montréjeau	80	120

Deux à deux (1) *(See page 42)*

Les horaires

B

Ask your partner five questions to fill in the missing information on this timetable. Your first question would be: *Le train pour Dijon arrive à quelle heure?* You must also answer your partner's questions. When your timetable is completed, compare it with that of your partner to see if you have understood correctly.

Heure	Destination	Quai	Arrivée
10.03	Dijon	3	*
*	Besançon	5	12.54
10.47	Macon	*	11.33
11.38	Troyes	4	*
12.05	Bourg	2	13.35
*	Belfort	1	15.13

Deux à deux (2) *(See page 43)*

Le prix des billets

B

Play the part of someone travelling by train. Ask for the tickets indicated below. When you are told the price, write it down. You can check the prices afterwards by looking at your partner's list.

Key: A = aller simple AR = aller et retour
Example: 1A 1AR Muret
You say – Un aller simple et un aller et retour pour Muret, s'il vous plaît.
Your partner replies – Voilà, monsieur/mademoiselle, ça fait trente-sept francs.
You write down – 37F.

1 2AR Montréjeau
2 1A Boussens
3 1A 1AR Carbonne
4 2A St Gaudens
5 1A 2AR Cazère
6 5A Muret
7 2AR Muret
8 2A 2AR Carbonne
9 1A 1AR Boussens
10 3 AR Cazère

Les pictogrammes

These symbolic drawings can now be found in many large European stations. Match the number of the pictogram to the correct explanation:

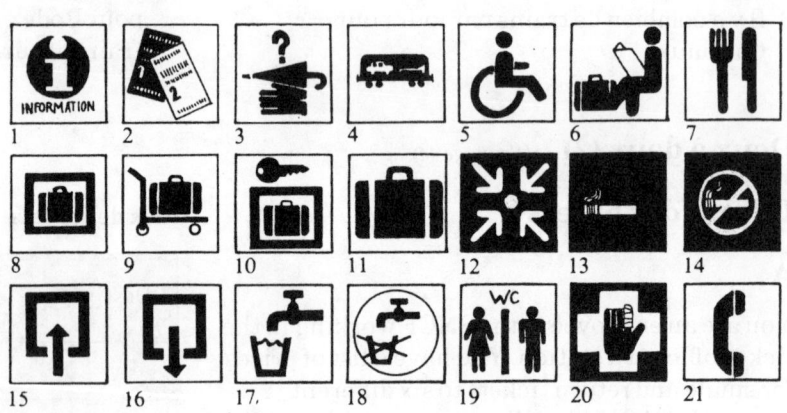

Enregistrement des bagages
Consigne des bagages
Sortie
Eau non potable
Bureau de renseignements
Train autos couchettes
Consigne automatique

Entrée
Guichet des billets
Téléphone public
Toilettes
Fumeurs
Premiers soins
Facilités pour les handicapés

Non fumeurs
Salle d'attente
Eau potable
Point de rencontre
Chariot porte-bagages
Buffet (restaurant de la gare)
Bureau des objets trouvés

Publicité pour la SNCF

The SNCF is justifiably proud of the services it provides. Here is part of a publicity brochure pointing out some of the good qualities of rail travel. Design a similar poster for the SNCF intended for English-speaking travellers. Advertise the same five qualities that the French version does.

Le train préserve l'espace.

Le train ne pollue pas et économise l'énergie.

Trente ans de lutte contre le bruit.

Le train est sûr.

Le train améliore la qualité du voyage.

Exercices

À quelle heure?

Write short dialogues with the information given, according to the example:

Example: Nice: 20.30
 – À quelle heure part le train pour Nice?
 – À vingt heures trente; c'est à dire, à huit heures et demie du soir.

1 Avignon: 13.15
2 Marseille: 14.25
3 Aix-en-Provence: 19.45
4 Toulon: 12.10
5 Fréjus: 23.05
6 Arles: 21.50

Où faut-il aller?

Answer these questions:

1 Où faut-il aller pour acheter un billet?
2 Où faut-il aller pour prendre un repas?
3 Où faut-il aller pour laisser les bagages?
4 Où faut-il aller pour prendre le train?
5 Où faut-il aller pour avoir des renseignements?
6 Où faut-il aller si on veut lire un journal en attendant le train?
7 Où faut-il s'asseoir si on veut fumer dans le train?

45

Faites vos devoirs

Another way to ask the questions in the last exercise would be to use the verb *devoir*. It means 'must' or 'ought' (see *Grammaire*, p. 50). Use the correct form of *devoir* to complete these sentences, then say what they mean:

1 Je . . . descendre ici.
2 Vous . . . changer à Dijon.
3 On attend depuis longtemps. Le train . . . être en retard.
4 Nous . . . arriver avant onze heures.
5 Ils . . . emprunter le passage souterrain.

Obéissez au professeur

A teacher is giving various instructions, some to the class, some to individual pupils. The picture tells you what the instruction is. Fill in the teacher's missing words and consult the *Grammaire* on p. 50 to help you:

1 . . . . . vos livres.
2 La classe, ... le tableau-noir.
3 . . . . . la classe.
4 Pascale, ... la fenêtre.
5 Ne . . . . . pas, Nicole.
6 . . . . . cet exercise dans vos cahiers.
7 . . . . . attention, les garçons.
8 . . . . . ici, Marc.
9 Simone, ...
10 La classe, ... la bande.

Posez des questions

Write the possible questions to which these are the answers   (see *Grammaire* p. 51):

1 Non, il ne peut pas sortir.
2 Oui, il est malade.
3 Oui, il faut changer à Dijon.
4 Non, c'est libre.
5 Ton billet est dans ta poche.
6 Le train part à onze heures.
7 Il s'appelle Marcel, je crois.
8 Parce que j'ai mal à la tête.

Entendu

C'est combien?

Listen to the tape to find out the price of a single and a return ticket to each of these places. First, write out the names of the towns:

Tours   Châteauroux
Orléans   Angers
Bourges   Le Mans

Trains au départ

Listen to the questions on the tape and choose the correct answer for each one from those given below:

1 Non, monsieur, c'est le train pour Clermont et Vichy.
2 C'est le train de vingt et une heures cinquante-deux, madame.

3 Sept heures trente-six, mademoiselle . . . c'est le quai numéro deux.

4 Seize heures quarante . . . Paris . . . quai quatre.

5 Oui, madame, vous avez un train pour Aurillac à sept heures trente-six.

6 Oui, madame, c'est ça. Le train de dix-sept heures cinq va à Cahors.

7 Il y en a deux, monsieur: à seize heures quarante et à seize cinquante-sept.

8 Pour Rodez, monsieur? . . . à six heures trente.

Interview à Perpignan

In this conversation you will hear a young journalist getting information at the 'Accueil' for a trip she has to make to Perpignan. Listen twice, and the second time jot down notes to help you hand on this information:

- What different times of trains she is offered
- Why she refuses some of them
- The times she decides to travel (there and back)
- Any other arrangements she needs to make

Attention! Attention!

Faites le dessin d'un panneau des départs et des arrivées de la gare de Limoges, par exemple:

DÉPARTS				ARRIVÉES			
Heure	Destination	Voie	(retard)	Provenance	Voie	Heure	(retard)

Écoutez la bande, et remplissez le panneau avec les informations que vous allez entendre. Vous entendrez le nom des villes suivantes:

Clermont-Ferrand   St–Étienne   Toulouse
Vichy   Montluçon   Brive

Lecture

Vous ne devez pas faire cela

Say what each of these notices prohibits. What is not prohibited?

1 DÉFENSE DE FUMER

2 PIQUE-NIQUES INTERDIT

3 INTERDIT DE CAMPER

4 DÉFENSE D'ENTRER

5 NE MARCHEZ PAS SUR LA PELOUSE

6 PÊCHE INTERDIT

7 DÉFENSE DE STATIONNER

8 NE JETEZ RIEN A TERRE

9 BAIGNADE INTERDITE

10 IL N'EST PAS INTERDIT DE SOURIRE

La question de Véronique

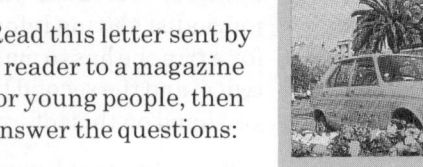

La question de Véronique :

JE M'ENNUIE EN VACANCES

Voici mon problème : cette année, aux grandes vacances, ma sœur part en vacances. Mon frère, qui a seize ans, travaille tout le temps à la ferme avec mon père. Et, moi, je reste chez nous. Toutes mes copines partent. Alors je reste toute seule à m'ennuyer (je n'ai que dix ans). S'il vous plaît, Okapiennes, Okapiens, donnez-moi des idées !

Read this letter sent by a reader to a magazine for young people, then answer the questions:

1 How old is Véronique?
2 What members of her family does she mention?
3 What time of year is she talking about?
4 What will her brother be doing?
5 What is her problem?
6 Suggest a solution (in French!).

Des prix avantageux

This extract from a SNCF brochure tells you about reductions on normal prices. Can you work out:

1 What reductions are offered to individual travellers using the *billet touristique* and the *billet fer-auto*?

2 What reduction is offered to elderly people and on what condition?

3 How a family travelling together can benefit and if it is necessary for the family group to include children?

4 How you would qualify for a *billet de groupe*?

5 What are the two advantages of having a season-ticket?

6 How much children under four and children from four to ten pay?

les jours de pointe *peak travel periods*
un abonnement *a season-ticket*

Des prix avantageux
* Si vous voyagez seul :
Billet touristique
20 % de réduction pour un parcours de 1 500 km ou plus (retour compris). Au-delà de 1 200 km, vous avez intérêt à prendre un "billet touristique" en payant pour 1 500 km. Validité : 2 mois avec séjour minimal de 5 jours en France avant d'effectuer le voyage de retour.
Billet fer-autocar
Réductions de 20 % sur le trajet en chemin de fer, 10 % sur le trajet en autocar, pour des circuits combinés au départ de Paris, de Lille et de quelques ports ou points frontières. Validité : 2 mois.
Carte "Vermeil"
Si vous avez 60 ans, Madame, ou 65 ans, Monsieur, la carte "Vermeil" vous permet de voyager agréablement en dehors des jours de pointe avec 30 % de réduction sur toutes les lignes de la S.N.C.F., sauf sur les relations intérieures de la banlieue de Paris.
* Si vous voyagez en famille :
Billet de famille (1)
Deux personnes paient plein tarif et, à partir de la 3e personne, vous ne payez plus que le quart du tarif. Bénéficiaires : parents, enfants, grands-parents et personnes au service de la famille. Certaines pièces d'état civil sont à présenter

lors de la demande de billet.
Les familles sans enfants peuvent bénéficier de ce billet.
Validité : 2 mois.
Parcours minimal : 300 km (retour compris).
* Si vous voyagez en groupe :
Billet de groupe (1)
Si 10 personnes, au moins, voyagent ensemble, elles bénéficient d'un billet de groupe leur donnant droit à des réductions sur le prix du billet ordinaire (9 personnes ont intérêt à prendre un billet de groupe en payant pour 10). Validité : 2 mois. La réservation est obligatoire.
* Si vous envisagez de voyager fréquemment par le train,
des abonnements (1)
vous permettent :
- d'obtenir une réduction de 50 % sur le prix du billet;
- de voyager autant qu'il vous plaira sans prendre de billets.
(1) *Pour ces billets et les cartes d'abonnement, faites votre demande quelques jours à l'avance.*

En France, les enfants au-dessous de 4 ans voyagent gratuitement; de 4 à moins de 10 ans (de 4 à 12 ans pour les billets internationaux) ils paient 1/2 tarif (si vous voyagez avec un billet à prix réduit, ils paieront la moitié du prix réduit).

Pauline et Guillaume partent en voyage

C'est les vacances ! Pauline et Guillaume partent comme chaque année chez leur grand-mère à Boulogne-sur-Mer. Mais cette année, quel événement ! Ils vont voyager seuls ! Alors aidons-les un petit peu à organiser tout ça. Voici, dans l'ordre, ce qu'ils doivent faire :

Avant le voyage : faire penser à leur maman

• de choisir le train à prendre en se renseignant soit par téléphone soit au guichet « information » de la gare ou en regardant sur la fiche horaire.

• de prendre un billet le plus tôt possible à l'avance (on peut les prendre 2 mois avant) et louer les places à la gare ou dans une agence de voyages.

Le jour du départ, en arrivant à la gare

• prendre un chariot.

• composter son billet dans une des machines orange qui se trouvent à l'entrée des quais.

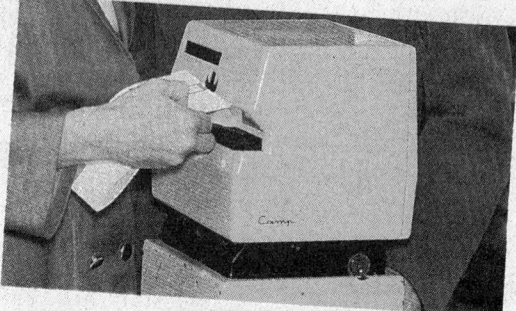

• regarder le tableau de départ.

DEPART	GRANDES	LIGNES		8 58

• repérer sa voiture sur le tableau de composition des trains (le n° est indiqué sur le bulletin de réservation et il est affiché à l'extérieur des voitures).

• retrouver sa place réservée (elle est indiquée sur le bulletin de réservation et à l'intérieur des voitures).

Pauline et Guillaume partent en voyage

Another brochure from the SNCF. This time it is showing how children can travel without their parents. Read it carefully, then write some notes in English for a youngster who wishes to travel alone on French rail, but who does not yet understand written French. Mention seven things that he or she should do.

Sécurité en vacances

This extract from a brochure about holidays consists mainly of 'do's' and 'don't's'. Try to spot the following pieces of information:

1 The three main areas of danger when on holiday
2 The three agencies who can help you

When driving

3 Two 'don't's'
4 Two 'do's'

When sailing

5 Two 'don't's'
6 Two 'do's'

When walking or climbing

7 Three things to do before you set out
8 One thing you should never overestimate

VOTRE SECURITE

Sur route, sur mer ou en montagne, la majorité des accidents sont dus à des imprudences caractérisées.
Alors, soyez attentif aux conseils que vous rappelleront la Sécurité Routière, le Ministère de la Mer et la Gendarmerie Nationale.

• Sur route
Méfiez-vous de la conduite en plein soleil après un repas, des routes de nuit après une journée d'activité.
Bouclez votre ceinture, respectez les limitations de vitesse.

• Sur mer
En bateau, portez un gilet de sauvetage.
Ne vous éloignez pas du bord dans des embarcations trop légères.
Méfiez-vous des vents qui soufflent de la terre.
Respectez les signaux de surveillance.

• En montagne
Ne partez pas sans équipement.
Ne surestimez pas vos capacités.
Suivez attentivement les renseignements météo.
Indiquez toujours où vous allez.

• En forêt
N'allumez jamais de feu.
Attention aux cigarettes mal éteintes.

Grammaire

Obligation: showing what you must and must not do

There are several ways of doing this in French:

1 Il faut

Here you simply put the infinitive after *il faut*, and it tells you what people in general have to do:

Il faut faire attention *You must be careful*
Il faut composter son billet
You must punch your ticket

You can be a bit more particular with *il faut*:

Il nous faut nous arrêter *We must stop*
Il faut que je parte *I must go*

(This last form requires a subjunctive, so try to avoid it for the moment!)

2 Devoir

This has a similar meaning to *il faut*, but notice that this time the verb form changes with the person you're talking about:

Vous **devez** ralentir *You must slow down*
Nous **devons** arriver de bonne heure *We must arrive early*

You will find all the parts of *devoir* in the verb table on p. 153.

Giving orders (The Imperative)

You are familiar with many expressions telling you or ordering you to do something:

Entrez!
Asseyez-vous!
Tournez à droite!

An order can be given in the *tu* or the *vous* form. Simply use the *tu* or the *vous* form of the present tense, but without the *tu* or *vous*:

Tu viens *You are coming*   Viens! *Come!*

Vous allez *You go*   Allez! *Go!*

The main exception is the *tu* form of *-er* verbs, which loses its *-s* when used as a command:

Tu écoutes *You listen*   Écoute! *Listen!*

The *nous* form can also be used without the *nous* as a sort of imperative. It is the equivalent of saying 'let us':

Nous allons au cinéma
We are going to the cinema

Allons au cinéma *Let's go to the cinema*

Reflexive verbs keep their extra pronoun, but it is attached to the end with a hyphen. The singular form *te* is changed to *toi*:

Tu te lèves *You get up*   Lève-toi! *Get up!*

Vous vous asseyez *You sit down*

Asseyez-vous! *Sit down!*

Nous nous asseyons ici *We are sitting here*

Asseyons-nous ici *Let's sit here*

Asking questions

1 The easiest way to ask a question, and the most common when you are speaking, is simply to use your voice. A statement becomes a question if you raise your voice at the end of it. In written form, just put a question mark at the end of the statement:

C'est occupé *It is occupied*

C'est occupé? *Is it occupied?*

2 You can put *Est-ce que* in front of a statement to turn it into a question:

Il faut changer *You have to change*

Est-ce qu'il faut changer?
Do you have to change?

3 You can invert the subject and verb and join them with a hyphen:

Il est timide *He is shy*

Est-il timide? *Is he shy?*

When you do this, insert a *-t-* between two vowels to help with pronunciation:

Y a-t-il un train pour Paris?

The second two methods are used with the question words:

Qui? *Who?*

Que? *What?*

Où? *Where?*

Quand? *When?*

Pourquoi? *Why?*

Comment? *How?*

Quel, quelle, quels, quelles? *Which? What?* (used with a following noun)

Examples:

Qui est-ce?

Que fait-il? Qu'est-ce qu'il fait?

Où est la gare?

Quand est-ce que les vacances commencent?

Pourquoi est-ce que le train est en retard?

Comment venez-vous à l'école?

À quelle heure part le train?

Vocabulaire

un aller et retour *return ticket*
un aller simple *single ticket*
un billet *ticket*
le bureau d'accueil *reception office*
le bureau de
renseignements *information office*
un compartiment *railway carriage*
la consigne *left-luggage office*
le départ *departure*
(un train) direct *through (train)*
le filet *luggage rack*
la gare *station*
le guichet *ticket-office*
un panneau *noticeboard*
partir *to depart*
le passage souterrain *underpass*
le prochain train *next train*
en provenance de *arriving from*
le quai *platform*
la salle d'attente *waiting-room*
le suivant *next one*
la valise *suitcase*
la voie *line (railway)*
voyager *to travel*

Bon séjour

Aims

1 Staying in a French hotel

2 Talking and writing about past events

Ce qu'il faut dire

Avez-vous une chambre libre? *Have you a room?*

J'ai réservé une chambre *I have reserved a room*

Je voudrais une chambre pour deux personnes avec douche
I would like a double room with a shower

C'est pour une nuit seulement
It's for one night only

C'est combien par nuit?
How much does it cost per night?

Avez-vous quelque chose de moins cher?
Have you anything cheaper?

Je prends cette chambre *I'll take that room*

Le petit déjeuner est compris?
Is breakfast included?

Le petit déjeuner est à quelle heure?
What time is breakfast?

Ce qu'il faut comprendre

Vous avez réservé?
Have you a reservation?

À quel nom? *What name is it?*

Ça s'écrit comment? *How do you spell it?*

Qu'est-ce que vous voulez comme chambre?
What kind of room do you want?

Je regrette, monsieur, l'hôtel est complet
I'm sorry but the hotel is full

Nous avons une chambre au deuxième étage
We have a room on the second floor

Elle est à quatre-vingt-dix francs
The price is ninety francs

Le petit déjeuner coûte quinze francs
Breakfast is fifteen francs

Le petit déjeuner est à huit heures
Breakfast is at eight o'clock

Rappel!

Passer les vacances en France? C'est une proposition séduisante. Mais où séjourner en France? Aucun problème. Il existe beaucoup de possibilités. Faites votre choix selon vos moyens et vos goûts. Il y a des gîtes (des maisons ou des appartements où vous préparez vous-même vos repas), des auberges de jeunesse, des campings et, le plus convenable et, bien sûr, le plus cher, des hôtels.

Il y a cinq catégories d'hôtel: une, deux, trois et quatre étoiles et, en plus, quatre étoiles luxe. Chaque hôtel est classé selon les 'nouvelles normes'. Le nom d'un hôtel est toujours accompagné par le nombre d'étoiles et les lettres NN (nouvelles normes).

Les prix sont normalement pour une chambre pour deux personnes, mais on peut trouver aussi des chambres de famille avec trois ou quatre lits. Le client doit demander si le petit déjeuner est compris. Dans certains hôtels, on peut réserver une chambre avec pension complète, c'est à dire, chambre et tous les repas, ou chambre avec demi-pension: chambre, petit déjeuner et un repas, soit déjeuner, soit dîner.

On peut obtenir une liste d'hôtels au syndicat d'initiative qui se trouve dans chaque ville.

Voilà des cartes de publicité pour deux hôtels.

Vous avez tout compris?

Écrivez *vrai* ou *faux* pour chaque phrase:

1 Une gîte est une espèce de restaurant.
2 Les campings coûtent moins cher que les hôtels.
3 Les hôtels en France sont classés en cinq catégories.
4 On voit toujours les lettres NN avec le nombre d'étoiles.
5 Le petit déjeuner est toujours compris.
6 Si vous réservez une chambre avec pension complète, vous prenez tous les repas à l'hôtel.
7 Pour demi-pension, vous recevez le petit déjeuner seulement.
8 L'Hôtel du Luxembourg est plus modeste que l'Hôtel des Allées.

À l'hôtel

Vous savez déjà ce qu'il faut dire et comprendre quand vous arrivez à un hôtel. Vous n'avez pas oublié?

Écoutez la bande, puis répondez aux questions suivantes:

1 Has the lady reserved a room?
2 What kind of room does she want?
3 How long does she intend to stay?
4 What is the price of the room she is offered?
5 What kind of room has Monsieur Leblanc reserved?
6 Which floor is it on?
7 What time is breakfast served?
8 Why does the lady reject the first room that is offered?
9 Where is the second room situated?
10 How much will she have to pay for breakfast?

Dialogues

Au bureau d'accueil

Monsieur et Madame Legros vont passer leurs vacances à Cannes. Ils arrivent à l'Hôtel des Palmiers et s'approchent du bureau d'accueil.

Réceptioniste: – Bonsoir, monsieur, madame.
M. Legros: – Bonsoir, mademoiselle. J'ai réservé une chambre.
Réceptioniste: – Oui, monsieur, à quel nom?
M. Legros: – Legros. L-E-G-R-O-S.
Réceptioniste: – Ah oui. C'est une chambre à deux personnes, pour quinze jours n'est-ce pas?
M. Legros: – Oui, c'est ça.
Réceptioniste: – Bon. Je vous donne la chambre 110. C'est avec salle de bains.
M. Legros: – Parfait. On peut prendre le petit déjeuner dans la chambre?
Réceptioniste: – Certainement, monsieur. Il y a le téléphone dans la chambre. Faites le zéro pour appeler le standard.
M. Legros: – D'accord. Oh, nous avons laissé nos bagages dans la voiture.
Réceptioniste: – Le garçon va aller les chercher. Maintenant voulez-vous remplir cette fiche?
M. Legros: – Voilà. Viens, chérie. Tu as l'air fatigué.
Réceptioniste: – Vous ne voulez pas dîner, monsieur?
M. Legros: – Merci, non. Il est assez tard et nous avons pris quelque chose en route.
Réceptioniste: – Alors. Bonne nuit, monsieur, madame.

Vous avez tout compris?

Répondez en anglais:
1 M. Legros has booked:
  a) two rooms for a fortnight
  b) a double room for a fortnight

c) two rooms for five days
d) a room with two beds for five days

2   He is given:
   a) a room with a toilet and a washbasin
   b) a room with a shower
   c) a room with a washbasin only
   d) a room with a bathroom

3   What exactly will the Legros have to do to get breakfast in bed?

4   What have the Legros done with their luggage?

5   What does the receptionist ask M. Legros to do?

6   Why do M. and Mme Legros not wish to have dinner?

Dans la chambre

Tout va bien? Attendez un peu! Les Legros vont trouver quelques petits problèmes. Ils arrivent devant la chambre numéro 110, au premier étage.

M. Legros: – Nous voilà. Zut! Je ne peux pas ouvrir la porte. Ce n'est pas la bonne clef. Ah si, c'est la bonne, mais c'est dur. Oh là là! Elle est très petite, la chambre!

Mme Legros: – Oui, Henri. Il n'y a qu'une petite armoire pour nos vêtements. Et quelle chaleur! On a laissé les volets ouverts et les fenêtres fermées. Ouvre les fenêtres, chéri.

M. Legros: – D'accord. Mais, écoute. Il y a un bruit affreux. C'est la circulation. La chambre donne sur la place principale. C'est insupportable!

Mme Legros: – Il faut changer de chambre. Moi, je vais téléphoner tout de suite. Alors, on fait le zéro, oui? Allô, allô . . .? Ce n'est pas possible! Personne ne répond! Ça c'est le comble!

M. Legros: – Attends, Hélène. Je descends à la réception pour demander une autre chambre.

(Dix minutes plus tard)

M. Legros: – Pas de chance pour ce soir, mais demain on va nous donner une autre chambre, plus grande et plus tranquille, au quatrième étage. L'ascenseur ne marche pas pour le moment, mais demain matin on va peut-être le réparer.

Mme Legros: – J'en ai marre de cet hôtel.

M. Legros: – Je suis d'accord. J'ai déjà téléphoné à deux autres hôtels, mais, tu sais, en juillet, ils sont tous complets.

Mme Legros: – C'est dommage! De toute façon, tu ne peux pas prendre de douche ce soir. J'ai essayé de me laver les mains, et j'ai trouvé que l'eau est complètement froide.

M. Legros: – C'est incroyable!

Mme Legros: – Non, c'est normal!

Qu'est-ce qui ne va pas?

Which of the following problems did Monsieur and Madame encounter?

They were given the wrong key
The lock was stiff
The room was dirty
The room was too hot
The room was too cold
The room was too noisy
The room was too small
The bed was too small
There was not enough storage space
The wrong luggage was brought to their room
The plumbing was noisy
There were no towels
There was no phone in their room
No one answered the phone
There was no lift
The lift was out of order

Pas de réservation

Monsieur et Madame Coppeau arrivent à leur hôtel avec leurs trois enfants.

M. Coppeau: – Bonsoir, madame. Vous avez une chambre de famille pour moi. Je m'appelle Coppeau.

Réceptioniste: – Vous avez réservé, monsieur?

M. Coppeau: – Oui, j'ai écrit il y a cinq ou six jours.

Réceptioniste: – Un moment, s'il vous plaît. Je regrette, monsieur , je ne vois rien à ce nom. Nous n'avons pas reçu votre réservation.

M. Coppeau: – Oh, ce n'est pas possible! Ça, c'est ennuyeux! Vous avez des chambres libres?

Réceptioniste: – Voyons. C'est pour combien de nuits?

M. Coppeau: – Une nuit seulement. Nous sommes de passage.

Réceptioniste: – Il n'y a pas de grandes chambres, mais je peux vous offrir deux chambres à deux lits pour cette nuit.

M. Coppeau: – Mais nous sommes cinq.

Réceptioniste: – Il est possible de mettre un troisième lit dans une des chambres. Ça vous va?

M. Coppeau: – Oui, ça va, je suppose. Merci. Il nous faut partir de bonne heure demain. Est-ce que je peux régler maintenant?

Réceptioniste: – Oui, monsieur. Je vous donne la note tout de suite.

Vous avez tout compris?

Répondez en français:

1 Combien de personnes y a-t-il dans la famille Coppeau?

2 Quand est-ce que Monsieur Coppeau a écrit sa lettre?

3 Les Coppeaux veulent rester à l'hôtel pour combien de nuits?

4 Qu'est-ce que la réceptioniste a offert?

5 Pourquoi est-ce que Monsieur Coppeau a demandé la note?

Résumé

| Avez-vous | une chambre libre? |
| | des chambres libres? |

| Avez-vous réservé? | | Oui, j'ai | réservé |
| | | Non, je n'ai pas | |

Qu'est-ce que vous voulez comme chambre?

Je voudrais	une chambre	pour une personne
Avez-vous		pour deux personnes
		avec deux lits
		avec un grand lit
		de famille
		avec douche
		avec salle de bains
	quelque chose	de moins cher

C'est pour	combien de nuits?
	une nuit seulement
	deux nuits
	quinze jours

| C'est combien | par nuit? |
| | pour le petit déjeuner? |

Le petit déjeuner	est compris?
Le déjeuner	est à quelle heure?
Le dîner	

C'est quel nom?

Ça s'écrit comment?

Je prends cette chambre

Je la prends

Activités

Deux à deux (1)   *(See page 58)*

You are planning to stay in a hotel in France and you telephone to find out about the facilities. Each partner should take turns to play both roles.

A

Ask these questions:

Les animaux sont permis?

1 Est-ce qu'il y a un bar?
2 Il y a un restaurant?
3 Y a-t-il un parking?
4 Est-ce qu'il y a une salle de télévision?
5 On peut prendre le petit déjeuner dans la chambre?
6 À quelle heure est le petit déjeuner?
7 Les animaux sont permis?
8 Pourriez-vous mettre un troisième lit dans notre chambre?
9 Est-ce que l'hôtel reste ouvert pendant toute la nuit?
10 Est-ce qu'il y a le téléphone dans les chambres?

Deux à deux (2)   *(See page 58)*

A

Find out from your partner what he did at these times. Use the question *Qu'est-ce que tu as fait?* Note down in English your partner's replies and check them with his or her diary at the end of the activity.

hier soir   dimanche dernier
avant-hier   ce matin
mercredi après-midi

Jeu-test: le luxe ou la liberté

Répondez à ces questions et découvrez les vacances qui vous conviennent:

1 Vous avez un samedi libre. Que faites-vous?
  a) Vous sortez avec vos copains
  b) Vous restez chez vous et écoutez des disques

2 Que pensez-vous des sports?
  a) Vous participez activement
  b) Vous n'êtes pas du tout sportif/ve

3 Quel repas préférez-vous?
  a) Du jambon et une salade
  b) Un steak-frites

4 Que trouvez-vous le moins agréable?
  a) Les avions
  b) Les araignées

5 Que portez-vous le weekend?
  a) Un vieux jean
  b) Des vêtements plus chics

6 Qu'est-ce que vous préférez?
  a) Prendre une douche
  b) Rester une heure dans une baignoire avec beaucoup d'eau chaude

7 Vous aidez à faire la vaiselle?
  a) Souvent
  b) De temps en temps ou jamais

8 Vous êtes seul(e) dans une forêt. Il commence à pleuvoir. Que faites-vous?
  a) Vous enlevez vos chaussures et vous dansez pieds nus sur l'herbe mouillée
  b) Vous vous dépêchez de rentrer à la maison

9 Vous avez gagné un grand prix pour voyager à l'étranger. Vous choisissez:
  a) L'Afrique
  b) Les États-Unis

10 Un jeune Espagnol arrive à votre école. Que faites-vous?
  a) Vous essayez de lui parler
  b) Vous allez chercher le professeur

Les résultats sont à la page 58.

Deux à deux (1) *(See page 57)*

B

Answer your partner's questions, using this information:

Possibilité d'un troisième lit (supplément de 30%)
PD dans la chambre ou dans la salle à manger de 7h à 10h
L'hôtel reste ouvert jusqu'à minuit
Téléphone dans chaque chambre

Deux à deux (2) *(See page 57)*

B

Consult this diary to answer your partner's questions. Today is Saturday.

The *Grammaire* on p. 64 will help you.
Example: Qu'est-ce que tu as fait lundi? J'ai dîné chez Marc.

Jeu-test: résultats

Si vous avez répondu par (a) à plus de cinq questions, passez vos vacances en plein air. Dormez dans une auberge de jeunesse ou sous la tente.

Si vous avez répondu par (b) à la plupart des questions, vous devez chercher un hôtel bien confortable, prendre vos repas à table, et vous installer le soir dans un fauteuil.

Si vous avez répondu par cinq (a) et cinq (b), vous avez peut-être un petit problème. Passez une semaine dans un hôtel et une semaine à faire du camping. Pourquoi ne pas économiser? Restez à la maison et prenez le déjeuner sur l'herbe.

Un petit problème

Practise this situation in pairs. One partner should take the part of the tourist, the other the part of the receptionist.

Tourist: You are travelling with your family in France. You arrive at a hotel where you have made a reservation in writing. You asked for two rooms with showers. Start off by greeting the receptionist and explaining who you are.

Receptionist: You have not received the letter reserving the rooms. Ask when it was written. You can only offer two rooms with bathrooms, which are more expensive. The price of a room with a shower is 110F; the rooms with bathrooms cost 130F.

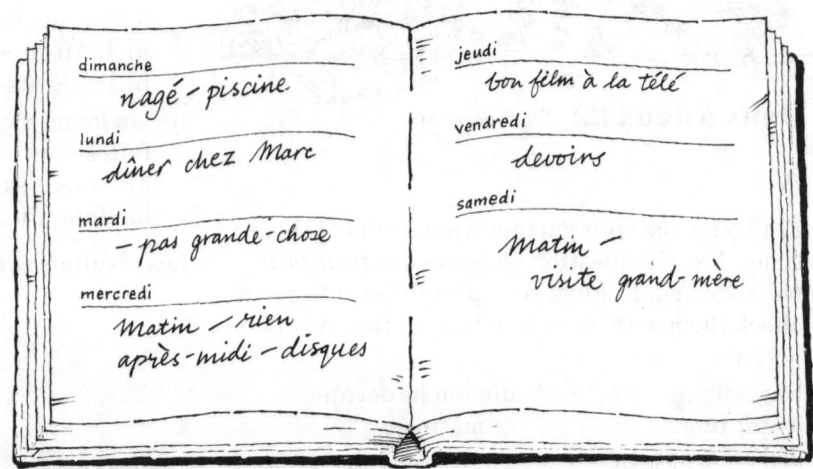

Une lettre de Cannes

Madame Legros sent this letter to her friends in England. Unfortunately, the Gibsons did not fully understand it. Can you correct their translation?

Cannes le 8 juillet

Chers amis,

Après un voyage sans problème, nous avons trouvé quelques difficultés à l'hôtel. Mais nous voici enfin installés.

Notre chambre donne sur la plage et, bien sûr, il fait un temps magnifique.

Nous avons déjà fait le tour de la ville et ses environs. Moi, j'ai trouvé une boutique où j'ai acheté un maillot de bain - très chic. Nous n'avons pas encore nagé dans la mer, mais nous avons joué un peu au volley avec de nouveaux amis.

Henri a laissé ses lunettes de soleil dans un bar, mais, à part ça, tout va bien.

Donne le bonjour à James

Je vous embrasse

Hélène.

This is what the Gibsons made of the letter:

We had a few problems on the way here, but we had no trouble settling into the hotel. Our room overlooks the beach, and, of course, we are having a magnificent time. We have been to see the tower and we have been round about the town. I found a little shop where I bought a very smart bathrobe. We have swum in the sea and we are going to play volley-ball with some old friends. Henry keeps leaving his sunglasses in bars, but apart from that, everything is fine.

Say hello to James for us
Love, Hélène

Wish you were here!

Imagine you are on holiday at the seaside. Write a postcard, in French, to your penfriend. The weather is bad but the hotel is comfortable. You have swum in the sea, bought some souvenirs, and your sister has lost her purse. Last night, you played cards in the hotel.

59

Exercices

Can you recognise the past tense?

Some of the following sentences refer to the past (see *Grammaire*, p. 64), some to the present, and some to the future. Place them in three columns under these headings:

Hier, Aujourd'hui, Demain.

Je vais en ville

Je vais acheter un nouveau pull

J'ai acheté un disque

Tu comprends?

Il fait beau

Il a fait beau

Il est content

Ils vont arriver

Ma tante a perdu son porte-monnaie

Vous avez fini?

Nous allons être en retard

Do the same with this next group, which are rather more complicated:

Il faut travailler

Il va se lever tôt

Je n'ai pas vu mon ami

Mon père va me donner de l'argent

N'oubliez pas vos lunettes

Est-ce que vous avez lu le journal?

Lettre de Peter

Here is a letter written by an English schoolboy to his French penfriend. He has missed out the verbs in the perfect tense because he wants to check them first. Can you fill them in for him? (The infinitives of the verbs he wants to use are given beneath in the correct order.)

recevoir, fêter, inviter, préparer, manger, boire, jouer, offrir, dormir, faire

Cher Jean-Michel,

Ce matin, j'. . . . . . . ta lettre et les photos de ta famille. Je les aime beaucoup et je vais t'envoyer quelques photos de mon chien, Rex.

Samedi dernier, un de mes copains, Andrew, ... son anniversaire. Il . . . . une vingtaine d'amis à une surprise-partie chez lui. Sa mère . . . . un buffet magnifique. Nous . . . . de la charcuterie, des plats froids, et du gâteau au chocolat. Nous . . . . du coca-cola et de l'orangina sans bulles. On . . aussi . . . . . avec les jeux vidéo. Ses parents . . . . à Andrew deux nouvelles cassettes de jeux électroniques. Ils sont vraiment sensas. Est-ce que tu aimes les jeux électroniques?

Le lendemain matin, bien sûr, j'. . . . . . . jusqu'à onze heures.

Qu'est-ce tu . . . . le weekend dernier?

Écris-moi bientôt,

Peter

Qu'est-ce qu'il a fait?

Choose the correct caption for each picture:

Il a bu une bière
Il a fini son repas
Il a vu une souris
Il a acheté une voiture
Il a lu un journal
Il a fait la vaisselle
Il a écrit une lettre
Il a vendu une voiture

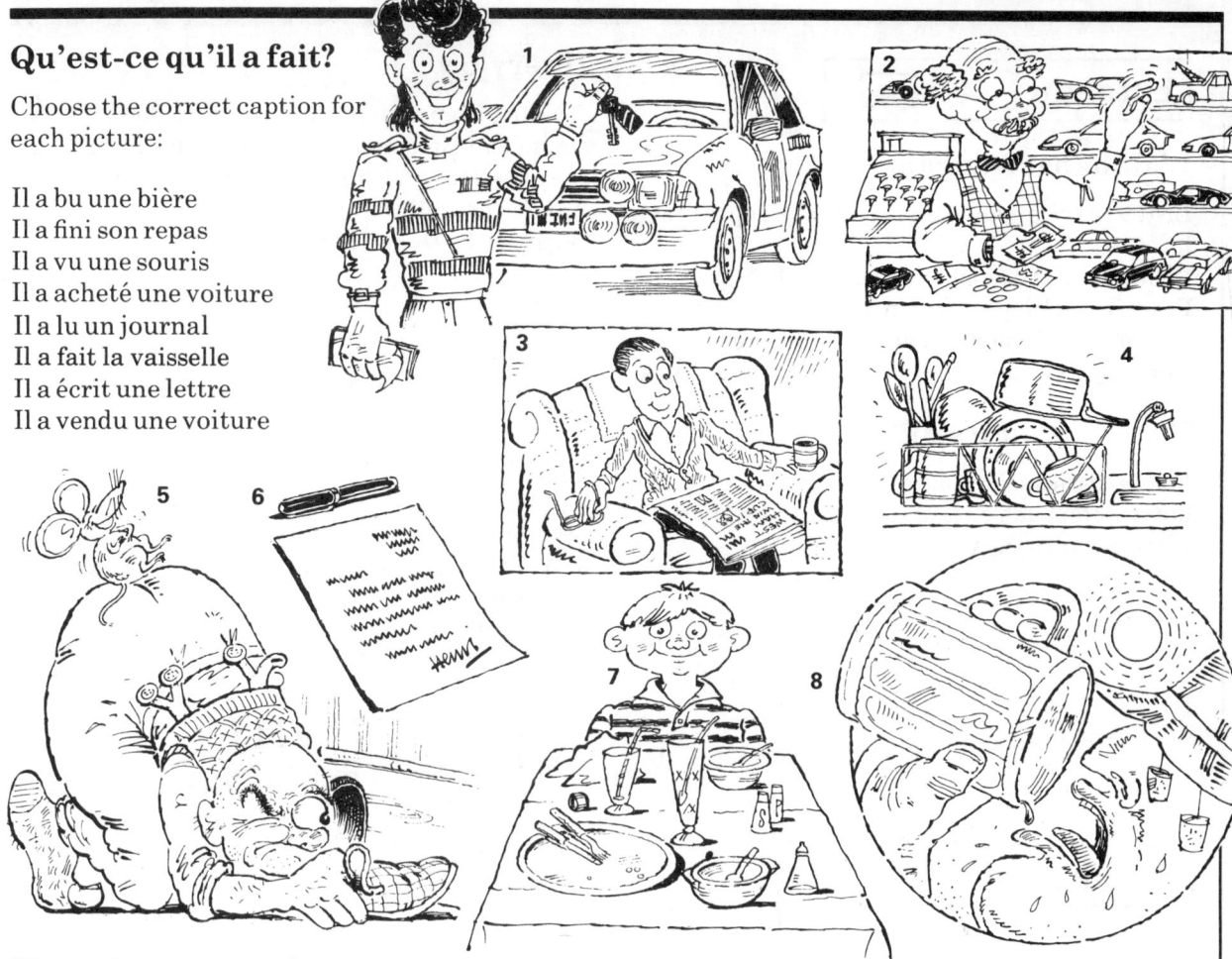

Une minute, pas plus

Solve this puzzle by inserting the past participles of the verbs as indicated (see *Grammaire* p. 64):

Horizontalement:
1 Written
2 Offered
3 Put
4 Could
5 Opened
6 Said
7 Took

Verticalement:
1 Understood (included)

Le bon mot

Choose from the two alternatives given, the correct form of the verb to complete the sentences sensibly:

1 Avant-hier, il oublie/a oublié sa serviette.
2 En ce moment, je regarde/je vais regarder un bon film.
3 Lundi prochain, nous avons acheté/nous allons acheter un chien.
4 Jeudi dernier, ils reçoivent/ils ont reçu un paquet.
5 Hier soir, je n'ai pas fini/je ne vais pas finir mes devoirs.

This and that

In the following sentences, change the word for 'the' to the word for 'this' (see *Grammaire*, p. 65):

1 L'hôtel est très confortable.
2 Je prends la chambre.
3 L'ascenseur ne marche pas.
4 On a laissé les volets ouverts.
5 Le matin, je prends une douche.
6 J'aime bien les petits gâteaux.

Entendu

L'alphabet français

Listen to the alphabet in French and repeat each letter.
Write down the names you hear spelt.
Practise spelling your own first name and surname, and the street and town where you live. You may have to do this when you are in France.

Qu'est-ce qu'il a dit?

Listen to these short extracts from dialogues in a hotel. After each one, write down, in English, what the **man** says.

Lecture

Avec regret

Mr Hearfield received this reply to his letter trying to book a room in a Paris hotel.
Why was he disappointed?
What assurance is given in the final paragraph?
What is attractive about the situation of this hotel?

Interview

A young Frenchman staying in England is asked a number of questions about himself. Listen to the questions and answers, then write down in English everything you find out about him. Begin with: 'He is called . . .'

La météo

You will hear a brief weather forecast, as it might be broadcast on the radio. Can you understand:

1 What area the forecast is for?
2 What the weather will be like in the early part of the day?
3 What two changes can be expected during the afternoon?

HOTEL SITUÉ A 500 MÈTRES DES CHAMPS-ELYSÉES ET DE LA TOUR EIFFEL

PRETTY HOTEL
8 RUE AMELIE PARIS 7ᵉ

Mr Richard HEARFIELD,
18, South Grove Lane,
York, N. Yorkshire,
ROYAUME UNI
Y03 6DU

Paris,
le 19 mars 1986

Monsieur,

Nous vous remercions de votre lettre et de l'intérêt que vous portez à notre hôtel.

Malheureusement, le mois d'avril est très chargé et les dates qui vous intéressent sont déjà 'complètes'.

Le type de chambre qui vous concernait aurait été de 101.00 FF par nuit, petit déjeuner compris.

Restant à votre disposition pour une prochaine fois, nous vous adressons, monsieur, nos salutations les meilleures.

Marie Cuer

PRETTY HOTEL
LA RECEPTION

Ça veut dire?

Here are some notices that you might see in a hotel. What message, advice or instruction is each one intended to convey?

1   (Printed on a paper napkin on the breakfast table)

> LA DIRECTION DE L'HÔTEL
> VOUS SOUHAITE
> UNE BONNE JOURNÉE

2   (At the reception desk)

> METTEZ VOS
> OBJETS DE VALEUR
> DANS LE COFFRE-FORT

(On the door of the lift)

3

> ASCENSEUR HORS DE SERVICE

(Inside the lift)

4

> SI L'ASCENSEUR S'ARRÊTE
> ENTRE DEUX ÉTAGES:
> N'ESSAYEZ PAS DE SORTIR,
> APPUYEZ SUR LE BOUTON D'APPEL

(On a door)

5

> SORTIE DE SECOURS

Choisissez votre hôtel

Read the publicity for these three hotels, then decide on the most suitable one for the following people:

1   An elderly couple who worry about their car and want to take their dog.

2   A family without a car who need to get plenty of amusement without leaving the hotel.

3   A couple who want peace, quiet and privacy and appreciate good food. They also like to be near shops.

4   Yourself and your friends. Give detailed reasons for your choice.

HOTEL ALEXANDRE   *   *   NN

Situé en plein centre ville, mais offrant le calme et la tranquillité. Toutes chambres avec salle de bains en suite, téléphone et poste de radio. Cuisine gastronomique. Parking privé.

Hotel Normandie   *   *   NN

500 mètres de la plage. 200 chambres avec confort moderne: salle de bain, téléphone, radio et TV. Vous apprécierez notre restaurant, notre discothèque, notre piscine et salle de jeux pour les enfants. Vaste parking. Bar animé.

HOTEL ST QUENTIN   *   *   NN

Comportant 18 chambres toutes avec bain ou douche et WC. L'hôtel vous propose, pour un agréable séjour, son calme et son bon accueil. Cuisine traditionelle. Spécialité: fruits de mer. Parking couvert et gardé. Animaux domestiques admis.

Grammaire

Past events

In French, just as in English, you have to alter the form of the verb when you refer to something that happened in the past. The new form of the verb is called the Perfect Tense.

Look at these examples of how we change English verbs:

I **am buying** this for my mother
He **buys** a record every week   Present tense
Do you **buy** your records here?

I **have bought** this for my mother
He **bought** that record last week   Perfect tense
Did you **buy** a record?

You can see that there are three forms of the perfect tense in English. In French, the process is much simpler, as all the three forms in English are expressed by one form in French:

J'ai acheté un disque

I bought
I have bought a record
I did buy

Il a écrit à son frère

He wrote
He has written to his brother
He did write

Passé composé

This tense is called the *Passé Composé* in French. You can see that it is made up or 'composed' of two distinct parts. The first part or 'auxiliary' is simply the present tense of *avoir*. (This is true for the majority of verbs.) The second part is taken from the verb you want to use and is called the **past participle**.

There is a simple rule for finding the past participle of most verbs:

For an -*er* verb (a verb whose infinitive ends in -*er*), replace the -*er* with -*é*: ache**ter** – ache**té**
For an -*ir* verb, replace the -*ir* with -*i*: fin**ir** – fin**i**
For an -*re* verb, replace the -*re* with -*u*: répond**re** – répond**u**

Unfortunately there are a number of very common verbs that do not follow this rule (e.g. *écrire* – *écrit*). Here are the ones you are most likely to need. You will have to learn them.

avoir	eu
boire	bu
lire	lu
pouvoir	pu
voir	vu
vouloir	voulu
prendre	pris
apprendre	appris
comprendre	compris
mettre	mis
dire	dit
écrire	écrit
faire	fait
offrir	offert
ouvrir	ouvert
être	été

To make a verb in the perfect tense negative, put the *ne* and *pas* around the *avoir* part:

Tu **n'as pas** réservé? *Have you not reserved?*

Similarly:

Je **n'ai rien** acheté *I haven't bought anything*

Nous **n'avons jamais** visité Paris
We have never visited Paris

When did it happen?

Certain words and phrases indicate past time.
When you see these in a sentence, you can expect
the verb to be in the past tense. Learn these 'time-
markers':

hier   *yesterday*
avant-hier   *the day before yesterday*
samedi dernier   *last Saturday*
la semaine dernière   *last week*
l'année dernière   *last year*
il y a deux heures   *two hours ago*

Try to work out how you would say the following
in French:

last Monday   last weekend   three days ago

'This' and 'that', 'these' and 'those'

The word you need is called the demonstrative
adjective. Like any other adjective in French, it
has to agree with the noun it describes:

Masculine – **ce** garçon (but before a vowel – **cet**
enfant)
Feminine – **cette** fille
Plural – **ces** garçons, **ces** enfants, **ces** filles

Vocabulaire

la chaleur *heat*
une chambre *a room, bedroom*
la circulation *traffic*
complet *full*
donner sur *to overlook*
une douche *shower*
dur *hard, stiff*
ennuyeux *annoying*
une fiche *form*
incroyable *incredible*
insupportable *intolerable*
un lavabo *washbasin*
la note *bill, account*
remplir *to fill, fill in*
réserver *to reserve*
le standard *switchboard*
un volet *shutter*

boire *to drink*
dire *to say*
écrire *to write*
faire *to do, make*
lire *to read*
mettre *to put*
offrir *to offer, give*
ouvrir *to open*
voir *to see*

J'en ai marre! *I'm fed up*
C'est dommage! *It's a pity*
C'est le comble! *That's the limit*

Un peu de tout

Parlez!

Rôles

Work out what you would say in each of the following situations. The responses are given in French. Practise each situation as a dialogue with your partner.

A On an exchange visit to France, you get off the coach and are met by your penfriend and his/her mother:

Greet each other
(Tu as fait un bon voyage?)
Say yes, but rather long
(Je te présente ma mère)
Say you are pleased to meet her
(Allons tout de suite à la maison. Où est ta valise?)
Say you don't know exactly

B Your penfriend's mother thinks you are not looking well:

(Qu'est-ce qui ne va pas?)
Say you feel ill
(Tu as mal à la tête?)
Say yes, and you have a sore throat
(Oh là là. Tu veux prendre quelque chose?)
Ask if you may have some aspirin

C You are in a French town:

Stop a passer-by and ask the way to the cathedral
(Tournez à gauche, traversez la place, et montez la rue Bossuet)
Say you don't understand and ask the person to speak more slowly
(Instructions are repeated more slowly)
Say thank you and ask if it is far to walk
(Pas trop. C'est à quinze minutes à pied)
Repeat the instructions you have been given

D You are in a café with some friends:

(Qu'est-ce que vous voulez prendre, monsieur/mademoiselle?)
Order a white coffee, a coke and a lemonade
(Oui, monsieur/mademoiselle)
Ask the waiter for some change for the juke-box
(Certainement, monsieur/mademoiselle. Voilà)
Ask one of your friends if he/she wants to play table-football

E You are in the information office at a station:

Ask if there is a train to Beauvais this afternoon
(Voyons. Oui, il y en a trois. À quelle heure voulez-vous partir?)

Say about three o'clock
(Vous avez un train à quatorze heures
cinquante)
Say that's perfect and ask when it arrives in
Beauvais
(À quinze heures quarante)

F You go into a hotel:
Ask if they have any rooms free for that night
(Vous avez réservé, monsieur/mademoiselle?)
Say no
(Je suis désolé. L'hôtel est complet)
Ask if there is another hotel nearby
(Oui, il y a le St Jacques juste en face)
Say thank you and goodbye
(Au revoir, monsieur/mademoiselle, et bonne
chance)

Ça s'écrit comment?

Spell out the following names and places:
a) Joanne Sharpe
b) Anne Burton
c) Barry Grimshaw
d) York
e) Peterborough
f) Londonderry

Deux à deux (2)   (See page 68)

Interview

A

Play the part of a young French visitor to the
school. Assume the identity of the person
described below and answer your partner's
questions.

Choose an appropriate first name for yourself.
Your surname is Dupont. You are 15 years old.
You come from Strasbourg, a large city in the
east of France. You like Great Britain very
much. You arrived last Friday and you leave on 4
May.

Now your partner will be the visitor. Find out
what you can about him or her by asking these
questions. Make a note in English of the replies
and check these afterwards with your partner.

Comment vous appelez-vous?
D'où venez-vous en France?
C'est où exactement?
Pourquoi êtes-vous ici en Grande Bretagne?
Vous êtes en quelle classe au collège?
Quelle est votre matière préférée?
Est-ce que vous avez des frères et des soeurs?
Aimez-vous le sport?

Deux à deux (1)   (See page 68)

Décrivez une photo

A

Describe this photo to your
partner, giving as much detail
as you can.

Your partner will then describe
his or her photo. Write down in
English everything you find out
about it, then compare your
notes with your partner's
photo.

Tu aimes . . . ?

Find out your partner's likes and dislikes. Here are a few questions that you might ask:

Tu aimes le français?
Tu aimes l'école?
Tu aimes ton uniforme scolaire?
Qu'est-ce que tu aimes boire, quand il fait chaud?
Quelle émission de télé aimes-tu?

Make up at least five more. Ask about musical tastes, sport and animals.

When you answer your partner's questions, choose from these replies:

Oui, j'aime . . .
Non, je n'aime pas . . .
Je n'aime pas tellement . . .
Je n'aime pas du tout . . .
Je déteste . . .
J'adore . . .

Deux à deux (1)   (See page 67)

Décrivez une photo

B

First, your partner will describe his or her photo. Write down in English everything you find out about it, then compare your notes with your partner's photo.

Then, describe this photo to your partner, giving as much detail as you can.

Deux à deux (2)   (See page 67)

Interview

B

Your partner will play the part of a young French visitor to your school. Find out what you can about him or her by asking these questions. Make a note in English of the replies and check them with your partner afterwards.

Comment vous appelez-vous?
Ça s'écrit comment?
Quel âge avez-vous?
Où habitez-vous en France?
C'est où exactement?
Aimez-vous la Grande Bretagne?
Vous êtes arrivé(e) quand?
Quand est-ce que vous allez partir?

Now you pretend to be the French visitor. Assume the identity of the person described below and answer your partner's questions.

Choose an appropriate first name for yourself. Your surname is Lenoir. You come from Lille, a large city in the north of France. You are here on an exchange. You are in the fourth year at school. Your favourite subject is English. You have one brother and one sister. You are not keen on sports.

Écoutez!

Une journée typique

Monsieur Delcourt talks about a typical day in his life. Listen carefully, then try to list:

a) Five things he does in the morning
b) Three things he does in the afternoon
c) Four things he does in the evening

Give the times of the various actions, where appropriate.

Mon appartement

A French girl is showing an English friend around her flat. Listen to what she says and identify each room on the plan below. Write down each letter and the name of the room.

When you have identified the rooms, write down in English what the girl says about each one.

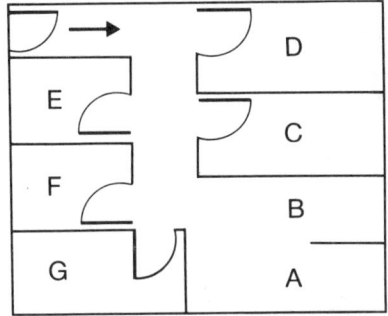

Auto-portrait

Listen to this radio broadcast called *Auto-portrait*, then:

a) Give two facts about the programme.
b) Fill in the following details about the guest, Vincent Moreau.

You can use French or English.

```
Nom:

Prénom:

Date de naissance:

Lieu de naissance:

Taille:

Poids:

Cheveux:

Situation de famille (marié/célibataire):

Métier - actuel:

        - désiré:

Principale qualité:

Principal  défaut:

Adore:

Déteste:
```

Une surprise-partie

Whilst staying with your penfriend, you both decide to arrange a party. Your penfriend draws up a list of guests and you offer to do some of the telephoning. First make a list of the people you will phone:

Béatrice	Françoise	Simone
Bernard	Gérard	Yves
Étienne	Jean-Luc	

When you have heard the replies, make a note beside each name:

If the answer is yes, write *Il vient* or *elle vient*.
If the answer is no, give the reason.
If the person does not give a definite answer, say when he or she will let you know.

Lisez!

Vous êtes traducteur ou traductrice

If you were in France with a group of people of whom you were the only one who understood the language well, you would often be called upon to explain the meaning of written signs and notices. How would you explain these?

1 Whilst driving towards the Spanish border at Bourg-Madame

> **TRAVAUX JUSQU' A BOURG-MADAME**

2 A few minutes after number one

> **FIN DES TRAVAUX MERCI DE VOTRE PRUDENCE**

3 If we go right here we'll get to . . .

Mairie Musées
Syndicat d'Initiative

M Eglise
P Parc Auto

4 In front of the town hall in a small town

EMPLACEMENTS
RÉSERVÉS
A LA MAIRIE

5 The bottom line of this notice simply gives the date the law was passed. What does it forbid?

AFFICHAGE
INTERDIT
ARRETE.MUNICIPAL
du.18.07.1983

6 What is forbidden here, why and when?

STATIONNEMENT.INTERDIT
MARCHE
LE.MARDI de 07ʰ à 13ʰ
ARRETE.MUNICIPAL.du.25.06.83

7 What important headquarters is this?

SAPEURS.POMPIERS
TEL: 18

8 And this?

GENDARMERIE

9 Now we have arrived at the . . .?

DOUANE
FRANÇAISE

Une lettre de Jean-Pierre

Read this letter from Jean-Pierre to his penfriend, Timothy, and then answer the questions:

1 What does Jean-Pierre apologise for?
   a) For his bad handwriting
   b) For not having sent a postcard
   c) For having sent such a bad photo
   d) For not having written sooner

2 Two things have given Jean-Pierre some time off school recently. One was industrial action (jours de grève). What was the other?
   a) A feverish illness
   b) The foggy weather
   c) Religious feast days
   d) A festival in the town

3 How does Jean-Pierre describe the weather? (Give two details.)

4 When and with whom does Jean-Pierre go to the swimming-pool?

5 What school club has he recently enrolled in?

6 Mention three details about the instructor of this club.

7 What event has happened recently at home?

8 What questions does Jean-Pierre ask at the end of the letter?

Orthez , le 2 mai.

Cher Timothy,

Je te remercie de ta lettre. J'étais très content de la recevoir. Excuse-moi de ne pas t'avoir répondu avant. J'aimerais que tu m'envoies une carte postale de ta ville et ta photo.

A l'école nous avons eu des jours fériés et des jours de grève, et j'étais content car je restais à la maison.

Chez nous il ne fait pas très beau, le matin il y a du brouillard, et l'après-midi, un peu de soleil.

A Orthez, il y a une piscine municipale. Avec ma classe, j'y vais tous les jeudis après-midi. A l'école, avec deux copains je me suis inscrit à un club d'informatique. C'est un garçon de dix-sept ans qui nous l'enseigne. Il est très intelligent et sympa.

Chez moi, la chatte de ma sœur a fait des chatons. Il y en a quatre, deux blancs et deux gris. Je n'aime pas tellement les animaux, mais ces chatons sont vraiment adorables.

Est-ce que tu vas bien ? Et ta famille ? J'attends ta prochaine lettre.
    Amicalement
    Jean-Pierre.

Aujourd'hui

METEO
LES PREVISIONS

Bassin Parisien – Fin temporaire du beau temps. Les nuages qui étaient hier soir sur la Bretagne, gagnent la région parisienne par l'ouest. Après une matinée peu nuageuse, le ciel se couvrira progressivement et les pluies arriveront dans la soirée.

Nord-Est, Bourgogne, Franche-Comté, Alpes – Temps très nuageux, mais peu ou pas de pluie.

Rhône, Méditerranée, Corse – Temps ensoleillé, comme hier. Un peu moins chaud, surtout au bord de la mer.

Normandie, Bretagne, Nord – Alternance de pluies et d'éclaircies avec un vent plutôt frisquet.

Centre, Ouest, Sud-Ouest – Pluies dans la matinée, devenant moins nuageux pendant l'après-midi. Températures assez basses.

Météo

If you are on holiday in France you will probably want to know what weather is in store. This forecast appears in a daily paper. Read it and answer the questions.

Choose, from the comments given, those that describe the weather in each of these regions. There may be more than one comment for each region, and some comments will be used more than once:

Paris area	Fine in the morning, rainy in the evening
The Alps	Rainy in the morning, fine in the afternoon
The Riviera	Showers and sunny periods
Brittany	Sunny
The South-East	Rather cool
	Rather windy
	Rain spreading from the west
	Cloudy but dry
	Cooler on the coast

Les riches heures du

PRINTEMPS EN ARDECHE

OFFRE SPECIALE «PETITS PRIX»
du 1er Avril au 30 Juin 1983

Quel émerveillement l'Ardèche au Printemps Partout, une somptueuse mosaïque de coule toutes fraîches : ici les roses et les blancs éc tants des arbres fruitiers, le vert tendre des c taïgniers ; là, l'or des genêts, plus haut, les ta entiers de jonquilles et de narcisses. Une fête tous les sens ! Et les plus longs jours de l'ann

Offre spéciale

To attract tourists to the Ardèche region of France, the local tourist committee published this information about certain 'special offers'. Read them carefully, then answer the questions:

1 What are you offered by your host if you stay in one of the 'Gîtes d'Ardèche'?
2 On what do the 'Logis et Auberges' offer a ten per cent reduction?
3 What do campers qualify for?

In addition to these general offers, there are also a number of *bons* or vouchers, which, if presented to the appropriate person, entitle you to further privileges.

Look carefully at the eight vouchers, then explain exactly what each one entitles you to.

GITES D'ARDÈCHE

Votre Hôte vous offre :

2 repas * gratuits par semaine
dans une Ferme Auberge, un Logis de France
ou une Auberge de France.

* Prix de base

LOGIS ET AUBERGES D'ARDECHE

Ils vous offrent 10 % de réduction sur :

1 semaine ou 3 week-ends
de demi-pension ou pension.

CAMPINGS

Sur votre emplacement de camping
ou la location d'une caravane,
vous bénéficierez d'une réduction de 20 %
et de plus, d'une heure gratuite de tennis,
ou de canoë, ou d'équitation par semaine
suivant les possibilités proposées
par votre camping.

**LES CENTRES de VACANCES,
VILLAGES de VACANCES,
MAISONS FAMILIALES de VACANCES**

accueillent au Printemps des individuels :
Familles, Retraités, Personnes seules,
des groupes : Retraités, Enfants, Jeunes.
Les tarifs sont étudiés en fonction des catégories
de personnes, et plus avantageux au Printemps.
**COMMISSION DU TOURISME ASSOCIATIF C.D.T.
8 cours du Palais 07000 PRIVAS**

SAFARI-PARC DE PEAUGRES

Les animaux en liberté parmi vous

SAFARI-PARC DE PEAUGRES

Réduction 15 %
pour 2 personnes

CHEMIN DE FER DU VIVARAIS

Départ Tournon 10 h - Départ Lamastre 16 h
Trajet 2 h - Avril/Mai les week-ends
Juin tous les jours sauf le lundi
Le Train d'Autrefois dont vous avez rêvé !

C.F.V.

Réduction 23 %
sur 2 Allers/Retours
Tournon-Lamastre
Train à Vapeur

AVEN GROTTE DE MARZAL

et son musée du monde souterrain
Tél. (75) 04.12.45

AVEN GROTTE DE MARZAL

Tarif de groupe
pour 2 personnes

GROTTE DE LA MADELEINE

Tél. (75) 04.22.20

GROTTE DE LA MADELEINE

Tarif de groupe
pour 2 personnes

SYNDICAT DES LOUEURS D'EMBARCATIONS DES GORGES DE L'ARDECHE

(liste jointe)

CANOËS KAYAKS

Réduction 20 %
sauf week-end
et jours fériés

AVEN GROTTE DE LA FORESTIERE

Tél. (75) 38.63.08 et 04.08.79

AVEN GROTTE DE LA LA FORESTIERE

Tarif de groupe
pour 2 personnes

AVEN D'ORGNAC

Tél. (75) 38.62.51

AVEN D'ORGNAC

Tarif de groupe
pour 2 personnes

En accompagnement d'un repas pris
en Logis ou Auberge d'Ardèche
(liste jointe)
Bon pour un apéritif gratuit.

Avant votre repas
pris en Logis ou
Auberge d'Ardèche
Bon pour
un Apéritif

73

Les douanes françaises

France has got many frontiers and scores of crossing-points. The customs control is, necessarily, a very large operation. Customs officers (*les douaniers*) are aware that many travellers find passing through customs a tiresome and tedious business. This brochure has been published to improve the image of customs, to inform the public of their rights and to explain the necessity of customs control. Read these extracts from the brochure and answer the questions.

A

NOTICE POUR LES PERSONNES RÉSIDANT EN FRANCE

Touristes

vous partez pour l'Espagne et l'Andorre

les douanes françaises vous souhaitent

bon voyage !

vous pouvez emporter de l'argent
vous pouvez rapporter des marchandises
voici
vos droits et obligations

conservez ces informations, elles vous seront utiles.

MARS 1984

B

vous n'aimez pas les contrôles

Nous le savons et nous nous efforçons de vous gêner le moins possible.

mais
ces contrôles sont nécessaires dans l'intérêt de tous.

saviez-vous qu'en 1983 nous avons saisi :

23.000 kg de stupéfiants dont l'entrée en France, sans notre intervention, aurait perturbé la santé de notre pays.

C'est donc vous et vos enfants que nous protégeons.

aidez-nous...

...et gardez le sourire

A

1 To which two frontiers does this information apply?
2 What is the principal message from the customs to the tourist?
3 What can you take out and bring back (in short)?
4 Why is it suggested that you should keep the information in this brochure?

B

1 What are the customs officers going to try hard to do?
2 How do they justify having controls?
3 In 1983, the customs seized 23,000 kilograms of *stupéfiants*. What do you think these might be?
4 What might have been the effect of these had they not been seized?
5 What is the traveller finally asked to do?

Écrivez!

Les cartes postales

Write postcards to your French penfriend, containing the following messages:

1 You arrive at Bordeaux on 13 August. The train arrives at 8.30 in the evening. What's the weather like in Bordeaux? Cheerio. See you soon.

2 You cannot come in August. Your mother is ill. It's not very serious. You will write a letter soon.

Une lettre

Read again the *Lettre d'une jeune Française* on p. 20. Imagine you have received a similar letter. Write an answer in French, giving all the details that Marie-Odile has given. Try to work out your height in metres and your weight in kilograms. Be sure to answer the questions asked.

Refer to the section *Comment écrire une lettre* on p. 15 for further help.

Une invitation

You receive this invitation. Write a reply, saying that you cannot come and giving your reasons.

Tu es invité à une fête à l'occasion de mon anniversaire, le samedi 21 mars à partir de 15h.
Une boisson sera la bienvenue.
Henri

Amusez-vous!

Encore des numéros

Match up the correct word with each figure:

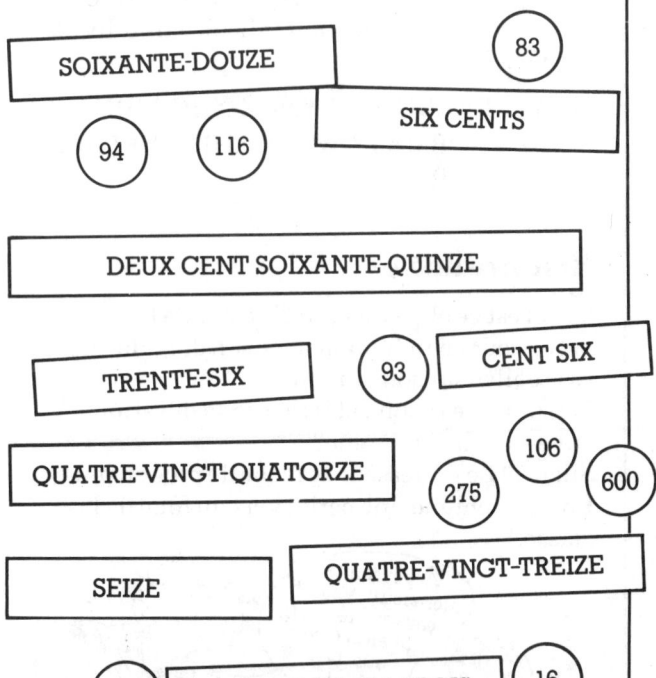

SOIXANTE-DOUZE   83
SIX CENTS
94   116
DEUX CENT SOIXANTE-QUINZE
TRENTE-SIX   93   CENT SIX
QUATRE-VINGT-QUATORZE   106
275   600
SEIZE   QUATRE-VINGT-TREIZE
72   QUATRE-VINGT-TROIS   16

Attention! Il y a un chiffre et un mot qui ne vont pas!

Mots croisés

Solve the clues and enter the words in the puzzle. All the words are fruits or vegetables. If you enter the correct words across, 1 down will give you another, very relevant word.

1 . . . . . ade (pas citron)
2 Verts (pas grands)
3 La couleur aussi
4 OUCH! (anagram)
5 (pas de terre)
6 On le mange au petit déjeuner
7 Noir ou blanc – puis blanc ou rouge ou rosé?

Message secret

The Professor WZYX has written this message to the waiter in a café, in a very strange way. Can you discover what he wants? Look carefully at his name.

ZEJY XSIARDUOVW YNUX XHCIWDNASZ
WUAZ ZNOBMAJY WTEX XNUY YEFACZ.

Histoire drôle

'À qui est ce chewing-gum?' demande le professeur en indiquant avec son doigt la chose rose collée sur son bureau.
Personne ne répond et il repose sa question: 'À qui est ce chewing-gum?'
Silence! Le professeur se fâche de plus en plus.
Enfin on entend une petite voix au fond de la classe:

'À personne, monsieur. Vous pouvez le prendre si vous le voulez!'

Les jeunes filles sportives

Il y a cinq jeunes filles qui s'appellent Annie Athlétisme, Béatrice Basket, Sylvie Cyclisme, Thérèse Tennis et Véronique Volley.

Chaque jeune fille pratique deux sports seulement. Elles ne pratiquent pas le sport qui correspond à leur nom. Les sports qu'elles pratiquent correspondent au nom d'une autre. Chaque sport est pratiqué par deux d'entre elles.

Lisez ces renseignements, puis répondez aux questions:

Béatrice ne fait pas de cyclisme.
Thérèse n'aime pas du tout les jeux de balle ou de ballon.
Véronique est l'amie des deux filles qui font de l'athlétisme.
Sylvie est dans la même classe que les deux filles qui jouent au basket.
Les deux filles qui ont le nom des sports pratiqués par Thérèse ne jouent pas au tennis.

Qui fait de l'athlétisme?
Qui fait du cyclisme?
Qui joue au basket?
Qui joue au tennis?
Qui joue au volley?

Cherchez les mots

In this square are sixteen words which you might need to say or understand at a railway station. These words are given in the list below. How many can you find without having to consult the list?

In addition there is one more word – something you might need once you leave the station.

R	E	N	S	E	I	G	N	E	M	E	N	T	S
S	B	C	N	V	Q	U	A	Q	X	V	O	R	S
O	E	O	B	O	Z	I	N	V	O	I	E	S	I
R	D	N	X	D	O	C	M	F	L	R	C	Y	A
T	E	S	O	U	S	H	A	E	Y	U	X	V	U
I	G	I	Q	H	V	E	T	E	F	F	U	B	Q
E	F	G	S	U	P	T	D	B	C	L	M	I	X
N	F	N	I	A	E	E	A	T	R	F	P	L	U
O	C	E	M	S	D	G	L	X	B	U	V	L	A
V	N	T	P	R	V	L	T	E	I	M	I	E	S
T	S	A	L	L	E	D	A	T	T	E	N	T	E
Q	U	R	E	M	B	T	O	L	L	U	P	S	C
C	L	A	S	S	E	X	H	G	Z	R	S	V	C
H	R	U	O	T	E	R	T	E	R	E	L	L	A

ACCÈS AUX QUAIS
ALLER ET RETOUR
BILLETS
BUFFET
CLASSE
CONSIGNE
FUMEUR
GUICHET
RENSEIGNEMENTS
SALLE D'ATTENTE
SIMPLE
SNCF
SORTIE
TÉLÉPHONES
TOILETTES
VOIES

On se déplace

Aims

1 Travelling by car in France

2 Buying petrol and making use of the facilities at a service-station

3 Travelling by bus and coach

Phrases clef

Ce qu'il faut dire

Faites le plein de super, s'il vous plaît *Fill it up with 4 star please*
Trente litres d'ordinaire *30 litres of 2 star*
Cent francs d'essence *100 francs worth of 2 star*
Voulez-vous vérifier les pneus? *Will you check the tyres?*
Avez-vous une carte de la région? *Have you got a map of this area?*
Je vous dois combien? *How much do I owe you?*
C'est bien la route d'Arras? *Is this the right road for Arras?*

Il y a un arrêt d'autobus près d'ici? *Is there a bus-stop near here?*
Pour aller à la gare routière s'il vous plaît?
Could you tell me the way to the bus station, please?
L'autobus pour la gare s'arrête ici?
Does the bus for the station stop here?
Quel est l'autobus qui va au port? *Which bus goes to the port?*
C'est quelle ligne pour aller au stade?
Which bus is it to get to the stadium?
Il y a un autobus tous les combien? *How often do the buses run?*

Ce qu'il faut comprendre

Du super ou de l'ordinaire? *Do you want 4 star or 2 star?*
Je vous vérifie l'huile? *Shall I check your oil?*

Les pneus, ça va   *Your tyres are all right*

C'est un libre-service, monsieur   *It's self-service*

Vous payez à la caisse   *You pay at the cash desk*

Ça fait quatre-vingt-cinq francs
That's eighty-five francs

Il y a un bus toutes les trente minutes
There is a bus every 30 minutes

Pour le stade? C'est la ligne numéro 2
It's number 2 to go to the stadium

Rappel!

Sur les routes de France

Imaginez que vous allez en vacances à Royan, sur la côte ouest de la France, et que vous y allez en voiture. Vous débarquez à Calais, et vous avez le choix. Ou bien:

1 Vous prenez l'autoroute à quelques kilomètres de Calais, et vous vous dirigez vers Paris sur l'autoroute du Nord (A1). Vous faites le tour de Paris sur le 'périphérique', et vous reprenez l'autoroute. Cette fois c'est 'l'Aquitaine' (A10) qui va vers Poitiers et puis continue vers le sud-ouest. Pour terminer votre voyage, vous n'avez que quelques kilomètres de route nationale à faire. Ou bien:

2 Vous évitez les autoroutes et même les routes nationales, et vous choisissez une série de routes départementales. Vous évitez bien sûr Paris, mais vous passez par des villes comme Chartres, par exemple, et quelques petites villes du Val de Loire.

Comment choisir? L'autoroute est évidemment plus rapide, plus efficace, et vous avez plus de temps à passer au bord de la mer, à Royan. Mais l'autoroute n'est pas gratuite; il faut payer, selon la distance. Et ce n'est pas toujours très joli; de temps en temps on voit un joli paysage au lointain, mais, en général, ce qu'on voit c'est . . . l'autoroute.

D'un autre côté, si vous choisissez les petites routes, c'est plus lent et vous avez moins de temps à la fin pour vous amuser à Royan. Mais, en revanche, vous voyez de jolies petites villes, des villages et le paysage – vous voyez même les gens qui y habitent. Et c'est moins fatigant de conduire sur les routes normales.

Le choix n'est pas toujours facile. Ça dépend de vos goûts.

Mais, de toute façon, quand on voyage en auto, il faut toujours prendre soin de la voiture. Il lui faut toujours de l'essence, parfois aussi de l'huile et de l'eau, même une nouvelle pièce ou une réparation. Pour ça il faut aller à une station-service.

Vous avez tout compris?

C'est vrai ou faux?

1 Il y a une autoroute qui commence pas loin de Calais.
2 Le 'périphérique' fait le tour de Poitiers.
3 L'autoroute A1 s'appelle 'L'Autoroute du Nord'.
4 Il faut payer pour rouler sur les autoroutes.
5 Les routes départementales sont plus petites que les routes nationales.
6 On voit beaucoup de choses intéressantes sur les autoroutes.
7 Les autoroutes sont beaucoup plus rapides que les autres routes.
8 Conduire sur les routes départementales, ça fatigue beaucoup.

À la station-service

Savez-vous vous débrouiller à la station-service? Écoutez la bande et puis répondez aux questions en anglais:

1 What grade of petrol did the man want?
2 How much did he want?
3 How much did he pay for it?
4 How much petrol did the lady want?
5 What did she want checked?
6 How much did she pay for each item?
7 What did she give the attendant?

On prend l'autobus

Si vous allez en France en bateau et par le train, vous utiliserez, sans doute, les autobus pour vous déplacer en ville. Voyager en autobus, c'est très simple. Vous pouvez acheter un ticket au conducteur en montant dans le bus; mais c'est beaucoup moins cher d'acheter une carte qui vous permet de faire une douzaine de trajets en autobus. Vous compostez la carte dans la machine automatique dans le bus. Ces cartes se vendent à la gare routière ou dans certains tabacs dans la ville. Puis, il ne reste qu' à trouver la ligne ou le numéro d'autobus pour arriver à votre destination.

Écoutez la bande et répondez aux questions en anglais:

1 How do you know that the girl is a stranger to the town?
2 Which bus will take her to the town centre?
3 Where is the bus-stop?
4 If she just misses a bus, how long will she have to wait?
5 Where do you think the second dialogue takes place?
6 What four pieces of information does the man ask for?
7 Note down all the information he receives.

Dialogues

À la station-service

1 Victor Rault:	– Le plein d'ordinaire, s'il vous plaît.	
Pompiste:	– Le plein d'essence . . . voilà. C'est cent dix francs, monsieur.	
Victor Rault:	– Voilà. Est-ce que vous avez une pompe à air?	
Pompiste:	– Oui monsieur, là-bas, au coin. Je vous vérifie la pression des pneus?	
Victor Rault:	– Merci, je vais le faire moi-même.	

2 Garagiste: – Bonjour, madame. Vous désirez?

Mme Moisson: – Cent cinquante francs de super, s'il vous plaît.

Garagiste: – Cent cinquante francs de super . . . ça y est. C'est tout?

Mme Moisson: – Voulez-vous vérifier la batterie? Elle ne marche pas très bien en ce moment, surtout le matin.

Garagiste: – Je vais voir, madame. Oui, elle a l'air vieux, mais il lui faut aussi de l'eau. Je vais vous en mettre un peu.

Mme Moisson: – Merci, monsieur. Il me faudra en acheter une autre. Voilà les cent cinquante francs, monsieur – et dix francs pour vous.

Garagiste: – Merci, madame. Au revoir et bonne route.

3 M. Simon: – Écoutez, monsieur, le moteur ne marche pas bien. Il fait un bruit étrange.

Mécanicien: – Voyons, monsieur. Oui, c'est le radiateur. Il vous faut un mélange d'eau et d'anti-gel, mais pour le moment, je vais vous mettre de l'eau simplement.

M. Simon: – D'accord. Ce n'est donc pas grave?

Mécanicien: – Pas encore. Mais il faudra vérifier le radiateur bientôt.

M. Simon: – Je le ferai ce weekend. Et voulez-vous me donner trente litres d'essence?

Mécanicien: – Bien sûr, monsieur.

4 Annik Auban: – Cent francs d'ordinaire, s'il vous plaît.

Pompiste: – Oui, mademoiselle. Cent francs d'ordinaire. C'est tout?

Annik Auban: – Voulez-vous vérifier l'huile et les pneus?

Pompiste: – Certainement, mademoiselle. Alors, l'huile, ça va . . . et les pneus . . . voilà, c'est fini. Je vous lave le pare-brise?

Annik Auban: – Oui, c'est gentil. Voilà, cent dix francs.

Pompiste: – Merci et au revoir, mademoiselle.

5 M. Vittel: – Voulez-vous me donner quatre-vingts francs de super?

Garagiste: – Oui, monsieur. C'est tout?

M. Vittel: – Euh, est-ce que vous avez des cartes routières?

Garagiste: – Oui, monsieur. De la France ou de la région?

M. Vittel: – C'est pour ici. Je vais à Castres, et je ne connais pas la route.

Garagiste: – Alors, là vous avez la carte Michelin de la région. Regardez, on est là, à Gambournés. Donc, vous continuez tout droit sur la D93

81

jusqu'à la N112 à Valdurenque. Là, vous tournez à droite, et vous continuez tout droit jusqu'à Castres.

M. Vittel: – Ah oui. C'est pas difficile du tout. C'est combien, la carte?

Garagiste: – Douze francs, monsieur.

M. Vittel: – Alors, ça fait quatre-vingt-douze francs en tout, n'est-ce pas? Voilà.

Garagiste: – Merci, au revoir, monsieur, et bonne route.

Vous avez tout compris?

Dans les dialogues, vous avez entendu cinq clients. Après les avoir écoutés, et les avoir lus, essayez d'identifier la personne qui:

1 a eu des problèmes de moteur
2 n'est pas certaine de la route qu'il faut prendre
3 a vérifié elle-même la pression des pneus
4 a dépensé le plus d'argent
5 a trouvé qu'elle n'avait pas besoin d'huile
6 a eu des problèmes le matin avec sa voiture
7 est un peu perdue
8 a donné un pourboire à l'employé pour plusieurs services qu'il lui a rendus
9 a dépensé cent dix francs en essence
10 va devoir faire un achat pour sa voiture

On prend l'autobus

Anne et Margaret, deux jeunes Anglaises sont en vacances en France. Elles n'ont pas pris l'autobus. Elles ont fait de l'auto-stop, et maintenant elles se trouvent au centre d'une grande ville. Elles s'adressent à un passant:

Anne: – Pardon, monsieur. La gare routière, s'il vous plaît? C'est loin d'ici?

Passant: – C'est à côté de la gare SNCF.

Anne: – Et la gare SNCF, c'est où?

Passant: – Je vois que vous ne connaissez pas la ville. Eh, bien, c'est assez loin à pied, et vous avez de gros sacs à dos.

Il vous faut prendre un autobus.

Margaret: – Quel autobus?

Passant: – Mais, mademoiselle, toutes les lignes ont leur terminus à la gare routière, vous savez.

Margaret: – Il y a un arrêt près d'ici?

Passant: – Il y en a plusieurs, comme vous voyez. C'est normal dans le centre ville.

Anne: – Mais pour aller à la gare routière?

Passant: – Pourquoi voulez-vous y aller? Moi, je la trouve désagréable.

Anne: – Pour prendre un bus pour aller au camping municipal.

Passant: – Prenez le bus numéro cinq pour aller à la gare routière. L'arrêt est ici à gauche. Prenez le même bus de l'autre côté de la rue, c'est-à-dire dans l'autre direction, et vous allez directement au camping municipal.

Margaret: – Merci, monsieur.

Passant: – De rien, mesdemoiselles. Au revoir. Bon voyage et bon séjour.

Vous avez tout compris?

Répondez en français:

1 Où se trouve la gare routière?
2 Qu'est-ce que les jeunes filles portent?
3 Où est-ce que les jeunes filles vont passer la nuit?
4 Quel est le bus qui va à la gare routière?
5 C'est quelle ligne pour aller au camping municipal?

À la gare routière

Si vous voulez aller à une autre ville, ou faire une excursion, vous devez prendre le car. Dans presque toutes les villes, il y a une gare routière. Les cars partent de cette gare pour des voyages interurbains et pour des excursions aux lieux d'intérêt de la région.

Anne et Margaret vont partir pour le camping le plus proche. Cette fois, elles ne font pas de l'auto-stop. Elles préfèrent y aller en car. Les voici à la gare routière (qu'elles ont trouvée sans difficulté).

Margaret: – Bonjour, monsieur. Nous voulons aller à Beaune. C'est bien possible d'y aller en car?

Employé: – Oui. Vous voulez partir aujourd'hui?

Margaret: – Non, demain, aussitôt que possible.

Employé: – Il y a deux cars par jour. Le premier part à neuf heures, l'autre à quatorze heures trente. Voilà. Je vous donne l'horaire. La route de Beaune est marquée ici, vous voyez?

Anne: – Merci, monsieur. C'est excellent. On peut acheter des billets à l'avance?

Employé: – C'est obligatoire. On ne les vend pas dans le car. Vous pouvez les acheter maintenant ou juste avant votre départ.

Margaret: – Et c'est vous, monsieur, qui vendez les billets?

Employé: – C'est moi qui fais tout. Combien en voulez-vous?

Anne: – Deux allers simples, s'il vous plaît pour le car de neuf heures. Il arrive à quelle heure?

Employé: – À Beaune? Il arrive, en principe, à onze heures et quart, mais, avec les travaux, un peu plus tard, peut-être.

Anne: – Merci, monsieur. Au revoir. À demain.

Vous avez tout compris?

Choisissez le bon mot ou les bons mots pour compléter ces phrases:

1 Anne et Margaret vont à Beaune en autobus/en auto-stop/en car.
2 Elles vont partir aujourd'hui/demain/après-demain.
3 Il y a un car pour Beaune une fois/deux fois/trois fois par jour.
4 Il faut acheter les billets avant/pendant/après le voyage.
5 Pour aller à Beaune, il faut normalement $2\frac{1}{4}$ heures/9 heures/$11\frac{1}{4}$ heures.

Résumé

À la station-service

Je voudrais	trente litres	de super	s'il vous plaît
Donnez-moi	cent francs	d'ordinaire	
Faites le plein			

Voulez-vous vérifier	les pneus?
Je vous vérifie	l'eau?
	l'huile?
	la batterie?
	le moteur?

La voiture   ne marche   pas bien
La batterie
Le moteur
Les freins   marchent
Les phares

Avez-vous   une pompe à air?
           une carte routière de la région?

Il vous faut   de l'eau
Je vais vous mettre   de l'huile

Pour prendre l'autobus

Il y a un arrêt d'autobus   près d'ici?
La gare routière est

L'autobus pour la gare s'arrête ici?

C'est quel numéro pour aller   au port?
      quelle ligne pour aller
Quel est l'autobus qui va

Il y a un bus tous les combien?

Il y a un bus   à dix heures
            toutes les quinze minutes

Il vous faut   le numéro   deux
           la ligne

À la gare routière

Il y a un   car pour Beaune?
À quelle heure part le prochain

Il arrive à Beaune à quelle heure?

Activités

Deux à deux (1)   *(See page 86)*

À la station-service

A

First, you are a motorist who stops at a service-station. Your partner is the pump attendant. You have to accomplish the following tasks:

1 Buy 25 litres of 4 star petrol
2 Get the tyres and the oil checked
3 Find out where the toilets are
4 Pay the attendant and give him a tip of about 10%

Secondly, you are the pump attendant and your partner is a customer at your service-station. You must fulfil his requirements. You will need to use this information:

1 2 star petrol costs 5F 50 per litre
2 Oil costs 30F per litre
3 Your partner needs a litre of oil, but his battery is all right
4 Your garage is situated 12 kilometres from Mazamet on the D621

On fait du théâtre

Fill in the words missing from this dialogue, then act out the scene with a partner:

Garagiste: – Bonjour monsieur/mademoiselle. Vous . . . . . ?
Client: – 25 litres d' . . . . . , s'il vous plaît.
Garagiste: – Voilà, 25 litres d'ordinaire. C'est . . . . . ?
Client: – Non, voulez-vous vérifier la batterie et l'huile?
Garagiste: – Oui, bien sûr, monsieur/mademoiselle. Alors, la batterie, ça va, mais il vous . . . . . de l'huile.
Client: – Merci, je vous . . . . . combien?
Garagiste: – Euh, ça . . . . . 153 francs en tout.
Client: – Voilà 160 francs. Vous pouvez garder la . . . . .
Garagiste: – Merci, monsieur/mademoiselle. Au revoir et bonne . . . . .

Deux à deux (2)   *(See page 86)*

Il y a combien de kilomètres?

A

Look at this table of distances between towns and try to supply the missing distances by asking your partner: 'Il y a combien de kilomètres de A à B?'

Help your partner to complete his/her table by answering his/her questions: 'De X à Y il y a . . . kilomètres.'

Tableau des distances

	Vichy	Tours	Toulouse	Strasbourg	Rouen	Rennes	Reims	Perpignan	Paris	Monte-Carlo
Angers	380	104	541	703	268	122	461	739	290	733
Biarritz	570	512	285	1136	781	627	895	444	738	884
Bordeaux	428	329	250	907	599	445	713	447	546	840
Brest	751	438	855	1002		245	730	1053	566	1379
Cherbourg	633		838	799	243	198	496		336	1184
Dijon	244	395	679	304	425	562	276	703	300	597
Grenoble	233	538	558	506	698	747	555	459	586	318
Le Havre	541	329	844		84	320	318	1053	201	1092
Lille	571	448	926	498	216	506	192	1083	215	1089
Lyon	125	431	506	434	591	640	473	512	462	425
Marseille	433	736	407	760	898	958	799	332	772	206
Nancy	451	496	883	140	435		190	904	299	798
Nantes	483	193	545	795	357	106	549	743	379	1069
Monte-Carlo	551	856	586	824	1016	1065	873	511	915	●
Paris	342		678	442	117	331	147	848	●	915
Perpignan	512	713	195	945	977	850	939	●	848	511

Deux à deux (1) *(See page 84)*

À la station-service

B

First you are a pump attendant and your partner is a customer at your service-station. You must fulfil his requirements. You will need to use this information:

1 4 star petrol costs 6F per litre
2 Your partner does not need any oil and his tyres are all right
3 The toilets are next to the shop on the left

Secondly, you are a motorist who stops at a service-station. Your partner is the pump attendant. You have to accomplish the following tasks:

1 Buy 20 litres of 2 star petrol
2 Get the oil and the battery checked
3 Find out if it is far to Mazamet
4 Pay the attendant and give him a tip of 10%

Deux à deux (2) *(See page 85)*

Il y a combien de kilomètres?

B

Look at this table of distances between towns and try to supply the missing distances by asking your partner: 'Il y a combien de kilomètres de X à Y?'

Help your partner to complete his/her table by answering his/her questions: 'De A à B il y a … kilomètres.'

Tableau des distances

	Vichy	Tours	Toulouse	Strasbourg	Rouen	Rennes	Reims	Perpignan	Paris	Monte-Carlo
Angers		104	541	703	268	122	461	739	290	733
Biarritz	570	512	285	1136	781	627		444	738	884
Bordeaux	428	329	250	907	599	445	713	447	546	840
Brest	751	438	855	1002	503	245	730	1053	566	1379
Cherbourg		342	838	799	243	198	496	1036	336	1184
Dijon	244	395	679	304	425	562	276	703	300	597
Grenoble	233	538	558	506	698	747	555	459	586	318
Le Havre	541	329	844	650	84	320	318	1053	201	1092
Lille	571	448	926	498	216	506	192	1083	215	1089
Lyon	125	431	506	434	591	640	473	512		425
Marseille	433	736	407		898	958	799	332	772	206
Nancy	451	496	883	140	435	667	190	904	299	798
Nantes	483	193	545	795	357	106	549	743	379	1069
Monte-Carlo	551	856	586	824	1016	1065	873	511	915	•
Paris	342	222	678	442	117	331	147	848	•	915
Perpignan	512	713	195	945	977	850		•	848	511

Exercices

Voilà ce qu'il faut

Complete these sentences by choosing the ending which makes most sense:

1 Pour voyager vite — il faut aller à une station-service
2 Pour avoir de l'essence — il faut bien regarder la signalisation routière
3 Pour vérifier les pneus — il faut regarder la carte routière
4 Pour se renseigner sur la route — il faut employer une pompe à air
5 Pour savoir le bon itinéraire — il faut prendre l'autoroute
6 Pour ne pas avoir un accident — il faut conduire avec soin

Où vont-ils?

Follow the lines to describe
each person's journey:
Example: Pierre va en
           Allemagne en voiture.

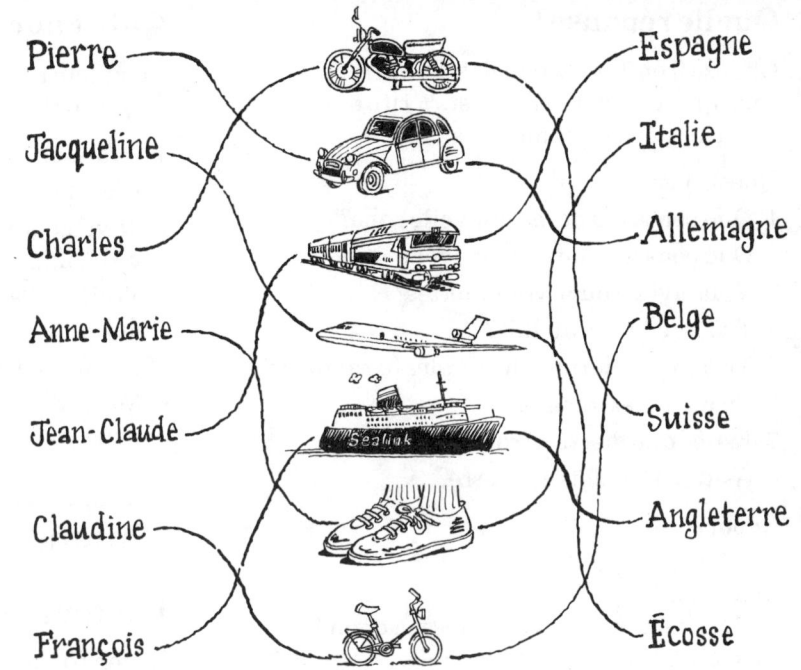

La signalisation routière

Choose the correct description of each road sign:

1
   a) Attention. La route est en mauvais état
   b) Déviation pour poids lourds
   c) On ne peut pas sortir de cette rue

2
   a) Il faut s'arrêter
   b) Vous ne devez pas klaxonner
   c) Attention aux trains

3
   a) Prenez la première rue à droite
   b) Les voitures venant de la droite ont la priorité
   c) Vous ne pouvez pas tourner à droite

4
   a) Vous avez la priorité
   b) Les autres voitures ont la priorité
   c) Mettez votre ceinture de sécurité

5
   a) Il faut s'arrêter tout de suite
   b) Il faut céder le passage
   c) Il faut s'arrêter bientôt

Quelle réponse?

Choose from the second list the correct answer to each question in the first list. Write out the questions and their answers:

Questions:

1 Que penses-tu de ma nouvelle robe?
2 Que penses-tu de mon nouveau pullover?
3 Vous avez trouvé vos lunettes?
4 Tu as vu le film au Rex?
5 Tu aimes le dernier disque des 'Araignées'?
6 Tu aimes les tomates?
7 Est-ce que Pierre a trouvé ses clefs?
8 As-tu vu les clefs de Pierre?

Réponses:

a) Non, je ne l'aime pas du tout.
b) Oui, je l'ai vu hier soir.
c) Oui, je les ai trouvées dans ma chambre.
d) Oui, je les ai vues sur la table.
e) Je la trouve très belle.
f) Je le trouve très chic.
g) Non, je ne les aime pas du tout.
h) Non, il ne les a pas encore trouvées.

Que penses-tu?

Give your opinion of the items in the first list, using Je le/la/les trouve . . . Choose from the adjectives in the second list if you wish. The first one is done for you, although you may not agree! Remember to make the adjective agree. (See *Grammaire* p. 91.)

le français   *Je le trouve intéressant*

l'anglais	intéressant
la biologie	difficile
les mathématiques	sympa
ton groupe préféré	sensas
le premier ministre	chouette
la musique classique	agréable
tes professeurs	désagréable
ta ville/ton village	ennuyeux
les ordinateurs	excellent
	bête
	marrant

Qui or que

Complete these sentences by putting either *qui* or *que* in the gaps. (See *Grammaire*, p. 91.)

1 Il faut prendre l'autobus . . . . . va au port.
2 C'est le numéro deux . . . . . vous devez prendre.
3 Je veux prendre l'autobus . . . . . s'arrête près de la plage.
4 Voilà le disque . . . . . j'ai acheté samedi dernier.
5 J'ai une soeur . . . . . s'appelle Marie.
6 Merci de ta lettre . . . . . j'ai reçue hier.

Entendu

Pas toujours facile

Listen to the conversation:

Monsieur et Madame Dollet vont rendre visite à des amis qui habitent à Alayrac, un petit village du Tarn. En route, ils s'arrêtent à la station-service de Bernard Legauche.

Now make a list of Monsieur Dollet's requests and explain how he was disappointed in each case.

Sur la route

Listen to this local radio broadcast for drivers and make notes so that you can explain to a driver who does not understand French what to look out for and what to do.

Lecture

Sur deux roues papiers en règle

This document tells you all you need to know about two-wheelers and the law in France. Can you find the following information and compare it with what happens in Britain?

1 The different categories of motor-bike
2 The youngest age at which you can ride a powered bike

3 Which vehicles need a number-plate

4 What cyclists and moped riders should carry with them

5 Who has to wear a helmet

6 Who can and can't use cycle tracks

7 Which vehicles require insurance

8 The French for 'third party'

Here are a few of the more difficult words:

révolus *over (when used with an age)*

facultatif *optional*

une remorque *a trailer*

	BICYCLETTE 	CYCLOMOTEUR 	MOTOCYCLETTE 1ʳᵉ catégorie 	MOTOCYCLETTE 2ᵉ et 3ᵉ catégories 
DÉFINITION RÉGLEMENTAIRE	- pas de moteur	- un pédalier - moteur de cylindrée inférieure ou égale à 50 cm³ - vitesse limitée à 45 km/h - cyclos vendus au public après le 1.6.80 : ni embrayage ni boîte de vitesses non automatique	- moteur de cylindrée inférieure ou égale à 80 cm³ - vitesse limitée à 75 km/h	- 2ᵉ cat. : moteur de cylindrée inférieure ou égale à 400 cm³ - 3ᵉ cat. : moteur de cylindrée supérieure à 400 cm³
ÂGE REQUIS	- pas de condition d'âge	- 14 ans révolus	- 16 ans révolus	- 18 ans révolus (ancien permis A1, 125 cm³ ou moins : 16 ans).
PERMIS DE CONDUIRE ET AUTRES DOCUMENTS EXIGIBLES	- pas de permis	- pas de permis - attestation d'assurance	- permis A1, A2 ou A3 ou bien - tout autre permis passé avant le 1.3.80	- 2ᵉ cat. : permis A2, A3 ou A (passé avant le 1.3.80) ou, pour les 125 cm³ ou moins, tout autre permis passé avant le 1.3.80 - 3ᵉ cat. : permis A3 ou permis A obtenu avant le 1.3.80
	(Il est conseillé aux cyclistes et cyclomotoristes, dont on n'exige aucun permis de conduire, d'avoir au moins sur eux leur carte d'identité)		- attestation d'assurance et carte grise	
PLAQUES D'IDENTIFICATION	- plaque métallique indiquant nom et domicile du propriétaire		- plaque d'immatriculation (numéro minéralogique)	
PORT DU CASQUE couleur claire conseillée, éléments réfléchissants blancs et fluorescents orange	- facultatif	- obligatoire pour le conducteur - conseillé pour le passager	- obligatoire pour le conducteur et pour le passager	
VOIES DE CIRCULATION	- autoroutes interdites - pistes cyclables obligatoires (mais interdites aux « deux-roues » tirant une remorque)		- pistes cyclables interdites	- pistes cyclables interdites
ASSURANCE OBLIGATOIRE	- pas d'obligation d'assurance	- assurance responsabilité civile (« aux tiers ») - ne joue que si le conducteur a bien l'âge et le permis requis - la garantie spéciale de la responsabilité du conducteur vis-à-vis de son passager est obligatoire s'il en transporte un. En faire l'économie c'est s'interdire tout passager. Au plus tard le 1.7.82, cette garantie le couvrira aussi vis-à-vis de sa famille		
ASSURANCES FACULTATIVES	- assurance de la responsabilité civile ; deux solutions : 1) assurance « responsabilité civile familiale » (se faire confirmer par l'assureur qu'elle est valable pour la bicyclette) 2) assurance « Bicyclette »	- assurance « défense et recours » : elle garantit à l'assuré qu'il sera défendu devant les tribunaux par sa société d'assurance ; en cas d'accident celle-ci se chargera des démarches et des frais nécessaires pour qu'il soit indemnisé s'il y a droit - assurance du véhicule contre le vol et l'incendie - assurance du véhicule contre les dégâts subis en cas de collision avec un autre véhicule identifié quel que soit le responsable de l'accident - assurance du conducteur et du passager : elle peut garantir un capital en cas d'invalidité ou de décès, le remboursement des frais de soins (sauf la partie déjà remboursée par les assurances maladies obligatoires). Elle ne remplace pas la garantie de la responsabilité du conducteur à l'égard de son passager. - garantie de la responsabilité du conducteur envers sa famille transportée		

La sécurité sur la route – et le conducteur heureux

Read this passage, then answer the questions:

Pendant les mois de juillet et août il y a, chaque année, des milliers d'accidents de la route. Les statistiques montrent qu'il y a trois facteurs très importants dans les accidents: l'état du véhicule, l'état de la route et le comportement du conducteur.

Il est vrai que depuis vingt ans les routes se sont beaucoup améliorées du point de vue de la sécurité; les voitures, elles aussi, ont été améliorées et sont plus sûres.

Cependant, il est aussi vrai que le risque d'accident dépend surtout du conducteur; il est plus ou moins grand selon le conducteur qui est au volant. C'est le conducteur qui doit se rendre compte de sa responsabilité, qui consiste en deux choses principales:

D'abord, sa condition physique: l'état de sa vision, la rapidité de ses réflexes, la fatigue, les médicaments qu'il prend, les repas trop copieux, et, évidemment, l'alcool qu'il absorbe.

Je ne suis pas comme mes parents

Read this letter written by Jean-François to a magazine for young people. From the list that follows, select those comments and pieces of advice which seem most appropriate.

Deuxièmement, sa condition psychologique: un conducteur inquiet ou furieux ne peut pas concentrer toute son attention sur la route. En bref, le conducteur doit être heureux et tranquille. D'ailleurs, les passagers, eux, peuvent l'aider en évitant toute discussion violente dans la voiture, et en évitant des mouvements soudains qui provoqueraient une réaction de la part du conducteur.

Enfin, il faut que tout le monde essaie de créer une ambiance tranquille et heureuse. Ça ce n'est pas toujours facile, mais ça vaut la peine si vous voulez éviter des accidents.

1 What are the three main factors which bring about accidents?

2 Which one of these emerges as the most significant?

3 Why have the other two diminished in significance over the last 20 years?

4 What are the two main categories of things the driver should think about?

5 List the things that can affect the driver's physical condition.

6 How can passengers help the driver?

Mes parents sont avocats; ils travaillent dans de grandes sociétés; il faut avouer qu'ils sont assez riches et bien placés.

Mais ils veulent que je sois comme eux. Ils me font travailler comme un fou. Je passe tous mes weekends penché sur mes cahiers et mes bouquins. Ils disent que si ça ne va pas très bien au collège, c'est à cause de mes copines, mes copains, mes sorties. Il est vrai que je ne fais pas beaucoup de progrès dans mes études, mais, en réalité, c'est parce que je n'ai pas beaucoup de talent pour les maths, le français et les sciences.

Mes parents me demandent tout le temps pourquoi je ne suis pas leur exemple. Ils ne comprennent pas que *je ne veux pas* être comme eux. J'ai dix-sept ans et j'ai décidé que je veux être infirmier – oui – infirmier, pas médecin, parce que je n'y arriverais jamais. Je veux travailler dans les pays pauvres du Tiers-Monde, comme l'Afrique ou l'Amérique Latine.

Je n'ose pas dire ça à mes parents, car ils se moqueraient de moi. Et pourtant, ils me font sacrifier tout mon temps de libre, toute ma jeunesse.

Jean-François

Observations et conseils

Jean-François est assez paresseux
Ses parents sont très ambitieux
Ils veulent qu'il soit heureux
Jean-François est trop jeune pour décider de son avenir
Il pourrait être avocat ou médecin
Ses parents devraient le laisser tranquille
Il faut toujours obliger les enfants à travailler
Jean-François devrait sortir plus
Le travail d'infirmier n'est pas bon pour un homme
Jean-François changera bientôt d'avis
Il devrait quitter la maison aussitôt que possible
Il ne veut vraiment pas être médecin

Grammaire

Direct object pronouns

To speak a language naturally, we need to use pronouns. They replace nouns that have already been referred to:

Mr Warson likes wine. **He** drinks **it** with every meal.

It would be awkward to repeat 'Mr Warson' and 'wine' in the second sentence.

In French also, we must know the right pronouns to use for a particular purpose. The direct object (usually the noun that comes after the verb) is replaced by the following pronouns:

me *me*	nous *us*
te *you*	vous *you*
le *him, it*	les *them*
la *her, it*	

Note: *le* and *la* become *l'* before a vowel.

These pronouns come before the verb:

Pourquoi est-ce tu **me** regardes?
Why are you looking at me?

In the perfect tense, the pronouns come before the auxiliary (*avoir*) part of the verb:

Merci pour votre cadeau. Je **l'**ai reçu ce matin
Thank you for your present. I received it this morning

When the direct object appears as a pronoun, and therefore occurs before a verb in the perfect tense, then the participle of that verb behaves like an adjective and agrees with the direct object pronoun:

Merci pour **ta lettre**. Je l'ai reç**ue** ce matin
Thank you for your letter. I received it this morning

The *l'* refers to *ta lettre*, therefore, the participle, *reçu*, takes an *e*. Similarly:

Tu as **les billets**? Oui, je **les** ai achet**és** ce matin
Have you got the tickets? Yes I bought them this morning

Tu as vu **mes lunettes**? Je **les** ai perd**ues** ce matin
Have you seen my glasses? I lost them this morning

The pronoun always goes directly in front of the verb to which it relates:

On va **le** voir
Tu veux **les** goûter?
Je peux **les** acheter

When used in a negative sentence, the pronoun stays next to the verb:

Je ne l'ai jamais vu *I have never seen it*
Je ne vais pas l'acheter *I am not going to buy it*

With a command, the pronouns come after the verb, and are attached by a hyphen, *me* and *te* becoming *moi* and *toi*:

Regarde-**le** *Look at it*
Regarde-**moi** *Look at me*
Lève-**toi** *Get up*

Qui and que – Relative pronouns

If you can learn to use these two pronouns correctly, your French will be even more natural and fluent.

You are familiar with *qui* and *que* used as question words:

Qui est-ce? *Who is it?*
Que fais-tu? *What are you doing?*

They have another, equally important use in joining together two parts of a sentence:

J'ai une soeur qui s'appelle Marie is more natural than *J'ai une soeur. Elle s'appelle Marie.*

Merci pour le cadeau que j'ai reçu ce matin is better than *Merci pour le cadeau. Je l'ai reçu ce matin.*

Qui can mean who or which or that.
Que can mean whom or which or that.

In the question *Quel est l'autobus qui va à la gare?* (Which is the bus that goes to the station?) *qui* refers to *l'autobus*. The bus is the subject of 'going to the station', and therefore *qui* is the subject of the clause *va à la gare*.

In the sentence *C'est l'autobus numéro un que vous prenez pour aller à la gare* (It's the number one bus that you catch to go to the station), *que* also refers to *l'autobus*, but, this time, 'bus' is the object, not the subject of the second clause, *vous prenez . . .* (the subject is *vous*).

The rule is:

Qui is the subject of the second (or relative) clause.

Que is the object of the second (or relative) clause.

Generally, you would use *qui* when the following word is a verb and *que* when the following word is a noun or pronoun.

Some prepositions: travel

When you're talking about ways of getting around, you need to use quite a few prepositions. And, as usual with prepositions, they are not always the same as in English:

J'ai voyagé par le train *I travelled by train*

Elle se déplace toujours en voiture
She always goes by car

à bicyclette
Ils sont arrivés à vélo   *They came by bike*
en vélo

Nous avons traversé la Manche en bateau
We crossed the Channel by boat

Elle est partie en moto *She left on her motorbike*

J'aime voyager en avion *I like travelling by plane*

Nous allons au collège à pied *We walk to school*

Vocabulaire

l'arrêt d'autobus *bus-stop*
l'autobus *bus*
la batterie *car battery*
le bus *bus*
la caisse *cash-desk*
le car *coach*
la carte routière *road-map*
l'eau *water*
les freins *brakes*
la gare routière *coach station, bus station*
l'huile *oil*
la ligne *bus route*
le moteur *engine*
l'ordinaire *2 star petrol*
le pare-brise *windscreen*
le pneu *tyre*
le super *4 star petrol*
vérifier *check*

En plein air

Aims

1 Staying at a campsite and a youth hostel

2 Writing a letter of reservation

<table>
<tr><td>

Phrases clef

</td><td></td></tr>
</table>

Au camping

Ce qu'il faut dire

Avez-vous de la place? *Have you any room?*

Nous sommes quatre *There are four of us*

C'est pour une tente et une voiture
It's for a tent and a car

C'est pour deux ou trois nuits
It's for two or three nights

Ça coûte combien par nuit et par personne?
How much is it per person per night?

Y a-t-il un magasin au terrain?
Is there a shop on the campsite?

Où sont les lavabos? *Where are the toilets?*

Est-ce qu'on peut acheter une bouteille de gaz?
Can I buy camping gas?

CARNET-CAMPING INTERNATIONAL

N° 363'591 E

Délivré par

THE ROYAL AUTOMOBILE CLUB

P.O. Box 92, Croydon, CR9 6HN

Ce qu'il faut comprendre

C'est pour une tente ou une caravane?
Is it for a tent or a caravan?

Vous êtes combien? *How many are there of you?*

C'est pour combien de nuits?
How many nights is it for?

Il y a un emplacement là-bas
There is a place over there

Je regrette, c'est complet *I'm sorry, it's full*

 Auberge de Jeunesse

À l'auberge de jeunesse

Ce qu'il faut dire

Est-ce que vous avez des lits libres?
Have you any beds free?

Nous sommes quatre, deux garçons et deux filles
There are four of us, two boys and two girls

Est-ce qu'on peut louer des draps?
Can we hire sheets?

C'est combien par jour? *How much is it per day?*

Où sont les dortoirs? *Where are the dormitories?*

Ce qu'il faut comprendre

Je regrette, c'est complet *I'm sorry, it's full*
Vingt-cinq francs par jour *25 francs per day*

Rappel!

Vous avez envie de séjourner en France; vous n'aimez pas tellement l'atmosphère formelle et les restrictions des hôtels et des restaurants; vous aimez la nature, le plein air et la liberté; vous aimez prendre vos repas quand vous avez faim et les préparer vous-même. En bref, vous voulez être 'libre'. Alors, pour vous, c'est le camping, ou, si vous voulez absolument dormir dans un lit, examinez les possibilités qu'offrent les aubergers de jeunesse.

Il y a plus de 9,000 terrains de camping en France,

et presque 200 auberges. Il n'est donc pas difficile de trouver ce que vous désirez.

Une fois arrivé, savez-vous vous débrouiller? Écoutez la bande et répondez aux questions.

Au camping

1 What does the tourist ask the warden first?
2 Who is he travelling with?
3 Where exactly is the site that is offered?
4 How much does it cost per person for one night?
5 Where is the camp shop situated?

À l'auberge de jeunesse

1 How long do the tourists want to stay?
2 Where is the boys' dormitory?
3 What is included in the price of 50 francs?
4 At what time is the evening meal served?
5 What is the girl finally asked to do?

Dialogues

Au camping (1)

Monique et Martine sont en vacances au bord de la mer dans le nord de la France. Elles arrivent au camping du Parc Soleil à Trépied. Monique est très timide et c'est Martine qui parle au gardien.

Martine: – Bonjour, monsieur. Avez-vous de la place?

Gardien: – Pas beaucoup. Qu'est-ce qu'il vous faut?

Martine: – Nous sommes deux et nous avons une tente et des vélos.

Gardien: – Vous avez de la chance. Je crois qu'il reste un petit emplacement au fond du terrain. Il est sous les arbres mais loin de la mer et du bloc sanitaire.

Martine: – Ça ne fait rien. C'est combien par personne et par nuit?

Gardien: – Six francs plus six francs pour la tente. Vous restez longtemps?

5 Le gardien leur propose un emplacement loin des lavabos.

6 Monique et Martine comptent passer toutes leurs vacances à Trépied.

7 Le gardien donne le règlement du camping à Martine.

8 Il n'y a pas de magasin au terrain.

9 Les jeunes filles veulent acheter des articles de camping.

10 Monique va seule trouver l'emplacement.

Au camping (2)

Martine et Monique ont dressé leur tente et ont acheté du gaz, un ouvre-boîte et quelques provisions. Puis, elles ont pris leur repas du soir et, après, elles ont passé une soirée agréable dans la salle de jeux où elles ont rencontré d'autres jeunes gens. Plus tard, elles ont bu un coca au café avec deux garçons.

Maintenant, elles sont dans leurs sacs de couchage, fatiguées, sur le point de s'endormir.

Martine: – Ils sont sympas, ces deux garçons, n'est-ce pas, Monique?

Monique: – Oui, très aimables, surtout Jean-Jacques. Il est un peu timide, comme moi, tu sais.

Martine: – C'est vrai. Moi, j'ai préféré Joël. Il est plus animé, plus intéressant. Mais qu'est-ce que c'est? D'où vient cette musique?

Monique: – C'est un transistor dans la tente voisine. J'adore la musique pop . . . pendant la journée, mais à cette heure, quand tout le monde veut dormir, ce n'est pas drôle.

Martine: – Tu parles! Vraiment, les gens manquent tellement de considération! C'est incroyable! C'est insupportable! Je vais voir ces types. Je vais leur demander de lire le règlement. La musique est interdite après onze heures.

Monique: – Non. Attends, Martine. Ça ne vaut pas la peine de provoquer une dispute. La musique n'est pas trop forte.

Martine: – Ça dépend. Peut-être quatre jours, pas plus. Nous espérons visiter aussi Le Touquet et Boulogne.

Gardien: – Bon. Maintenant, voulez-vous remplir la fiche, s'il vous plaît? Et voici le règlement du camping.

Martine: – Oui, voilà. J'ai vu un magasin près de l'entrée. Est-ce vous vendez des bouteilles de gaz pour un réchaud?

Gardien: – Mais oui, mademoiselle. Nous avons tout ce qu'il faut pour les campeurs.

Martine: – Bon. Nous avons besoin d'un ouvre-boîte aussi. Eh bien. Allons monter la tente. Où est-il exactement, cet emplacement, monsieur?

Gardien: – Venez. Je vais vous montrer.

Vous avez tout compris?

Écrivez *vrai* ou *faux* pour chaque phrase:

1 Monique et Martine vont passer leurs vacances à la montagne.

2 Elles parlent toutes les deux au gardien du camping.

3 Le camping du Parc Soleil n'est pas complet.

4 Les deux jeunes filles arrivent au camping à bicyclette.

Martine: – Tu as tort, Monique. Passe-moi la lampe de poche. Je mets mon jean et mon pull. Toi, tu peux rester ici, si tu veux, si tu as peur.

Monique: – Voilà la lampe de poche. Mais elle ne marche pas et nous n'avons pas de piles.

Martine: – Tant pis! J'y vais quand même.

Vous avez tout compris?

Choisissez les bons mots pour compléter ces phrases:

1 Monique et Martine ont passé la soiree à
   a) manger
   b) faire des provisions
   c) parler à des jeunes gens

2 Avant de s'endormir, elles ont
   a) bavardé
   b) dressé leur tente
   c) bu un café

3 Martine a aimé Joël à cause de
   a) sa timidité
   b) ses animaux
   c) sa personalité

4 Soudain elles ont entendu
   a) une émission de radio
   b) quelqu'un crier
   c) quelque chose de drôle

5 Martine veut aller à la tente d'à côté pour
   a) écouter la musique
   b) demander qu'on arrête le transistor
   c) lire le règlement du camping

6 Monique a donné à sa copine
   a) son pull
   b) la lampe de poche
   c) des piles

À l'auberge de jeunesse

Pendant les vacances de Pâques, Philippe Mauriac et Patrick Alexandre décident de passer quelques jours à la campagne. Ils prennent le train jusqu'à Lézignan, puis ils se dirigent à pied vers l'auberge de jeunesse. Ils y arrivent vers dix-huit heures.

Gardien: – Bonjour, messieurs. Je peux vous aider?

Philippe: – Oui, monsieur. J'ai téléphoné hier pour réserver des lits. Nous nous appelons Mauriac et Alexandre.

Gardien: – Voyons. Ah oui, voilà. Vous êtes tous les deux au dortoir numéro un – des lits superposés. Vous avez de la chance, vous savez. Pendant les vacances scolaires, nous sommes presque toujours complets.

Patrick: – Oui, je sais. C'est pourquoi nous avons téléphoné à l'avance pour réserver. Il y a beaucoup de monde à l'auberge?

Gardien: – Mais oui. Il ne reste que trois lits au dortoir des filles.

Philippe: – Ça c'est extra!

Patrick: – Oui, nous allons sans doute rencontrer beaucoup de jeunes gens intéressants.

Gardien: – C'est bien possible. Il y a un groupe d'Anglais, garçons et filles. Vous parlez anglais?

Patrick: – Moi, très peu, mais Philippe est déjà allé deux fois en Angleterre chez son correspondant. Il le parle bien.

Gardien: – C'est vrai? Alors, je dois vous présenter. Le professeur responsable parle français, mais j'ai l'impression que les élèves ne comprennent rien. Vous pourrez leur parler en anglais?

Philippe: – Oui. Où sont-ils maintenant?

Gardien: – Ils sont partis cet après-midi faire une randonnée à pied, mais ils vont bientôt rentrer pour le dîner à huit heures.

Philippe: – Bien.

Gardien: – Et vous? Vous avez des draps?

Patrick: – Non. C'est sept francs pour les louer, n'est-ce pas?

Gardien: – Oui, et vingt-cinq francs pour les repas, huit francs le petit déjeuner. Vous payez en partant. Pour le moment, remplissez cette fiche, et je vous prie aussi de lire le règlement de l'auberge qui est au panneau d'affichage.

Vous avez tout compris?

Répondez en anglais:

1 When exactly do the two boys decide to go youth hostelling?
2 How do they travel to the youth hostel?
3 Why are they confident that there will be room for them at the hostel?
4 Why does the warden say they are lucky?
5 Is the hostel full?
6 Why are the boys pleased that there are so many people there?
7 Which one of the two boys speaks good English? Why?
8 What is the warden's opinion of the standard of French of the English group?
9 Where is the English party at the moment?
10 If the two boys stay three nights, have three breakfasts, and three evening meals, how much will they have to pay?

Résumé

Au camping

| Avez-vous de la place | | pour une tente? |
| | | pour une caravane? |

C'est pour	une tente ou une caravane?
	combien de personnes?
	combien de nuits?

| C'est combien | par nuit? |
| | par personne? |

Il y a un emplacement		là-bas
		près des lavabos
		sous les arbres
		au fond du terrain

Y a-t-il	un magasin	au camping?
	des douches	
	une piscine	
	une salle de jeux	
	un parc d'enfants	
	un bar	
	un restaurant	

Où sont	les lavabos?
	les douches?
	les poubelles?

Est-ce qu'on peut acheter	du gaz?
	des provisions?
	des piles?

Je regrette, c'est complet

À l'auberge de jeunesse

Est-ce que vous avez	de la place?
	des lits libres?

Vous êtes combien?	Nous sommes trois, deux garçons et une fille
Est-ce qu'on peut louer	des draps?
	un sac de couchage?

Où est	le dortoir des garçons?
	le dortoir des filles?
	la cuisine?
	la salle de séjour?
	la salle de jeux?
	la salle de bains?

On sert	le dîner	à quelle heure?
	le petit déjeuner	

Activités

Deux à deux (1)   *(See page 100)*

Au camping

A

You are on a campsite and you go to the shop to buy some food. You need bread, ham, fruit and something to drink. If the shopkeeper does not have what you ask for, you must ask for something similar. Your partner is the shopkeeper.

Deux à deux (2)   *(See page 100)*

L'argent de poche

A

You and your partner are French teenagers discussing pocket-money. You receive money from several members of your family as follows:

Père – 20F
Grand-mère – 5F
Oncle Charles – 10F
Tante Yvette – 10F
Soeur aînée – 5F

Give this information to your partner when you are asked (e.g. *Mon père me donne . . .*).

Then, find out how much your partner gets and from whom, by asking: 'Qui te donne de l'argent de poche?'

Write down the information so that you can tell your parents later (e.g. *Sa mère lui donne . . .*).

Quel camping?

You are planning a camping holiday with your family in the Périgord region of France, in August. Before deciding which campsite to choose, you send for brochures and make a list of your requirements.

This is information contained in the brochure from the campsite 'Le Trel':

1 Here is the list you prepared. Which of your requirements are met by the campsite 'Le Trel' according to its publicity?

At least 2 star standard
Hot showers
Washing machines and ironing facilities
Restaurant on the site
Indoor games room
Fishing
Cycling
Football
Daily papers
Electric razor points

2 Name two facilities offered which are not on your list.

3 What goods and services could you get by going to the village 1 kilometre away?

4 What extra attractions are available in July and August?

ruisseau *stream*
robinets de puisage *taps*
rampeau *a game played with skittles*
en location *for hire*
se ravitailler *to stock up*
méchouis *barbecues*

En Périgord Noir
"Le Trel"

CAMPING - CARAVANING**

SAINT-POMPON

En Périgord Noir, à 25 km de Sarlat, dans la Vallée de la "Lousse", ruisseau à truites, **LE TREL** est à 1 km d'un petit village "SAINT-POMPON".

Le camping est équipé d'un grand sanitaire confortable : Lavabos - Prises de rasoirs - Douches chaudes, libres et gratuites - Eviers à vaisselle et bacs à linge à proximité des robinets de puisage d'eau chaude - WC à sièges et à la Turque - Urinoirs - De robinets de puisage d'eau potable - De prises de courant pour branchements de caravanes.

D'une salle de jeux - Ping-pong - Baby-foot - Flippers - D'une piste de pétanque - D'un jeu de rampeau (jeu de quilles régional) - De bicyclettes en location.

Vous trouverez sur place, des glaces à rafraîchir et à consommer, des boissons fraîches, des produits fermiers (légumes, oeufs, volailles, pâtés etc...), des pellicules, des films avec développement en 24 heures, le journal quotidien régional.

A Saint-Pompon, vous pourrez vous ravitailler en boulangerie, épicerie, boucherie, tabac, essence et aussi, profiter des services de la poste, avoir recours aux mécaniciens, médecins et pharmacien.

Vous pourrez aussi goûter aux plats régionaux chez les restaurateurs et les tables d'hôtes de Saint-Pompon et ses environs.

En juillet et août sont organisés des méchouis, des rencontres de football entre les campeurs et l'équipe de Saint-Pompon, les fêtes du 14 juillet et du 15 août sont généralement accompagnées d'une soirée dansante.

Qu'est-ce qu'il vous faut pour faire du camping?

1 Pour s'envelopper la nuit
2 Pour emporter 'la maison'
3 Pour allumer le réchaud
4 Pour trouver son chemin la nuit
5 Pour faire marcher n° 4
6 Une maison de toile?
7 Faites attention. Il peut faire 'BOUM'!

Et n'oubliez pas vos bottes en caoutchouc!

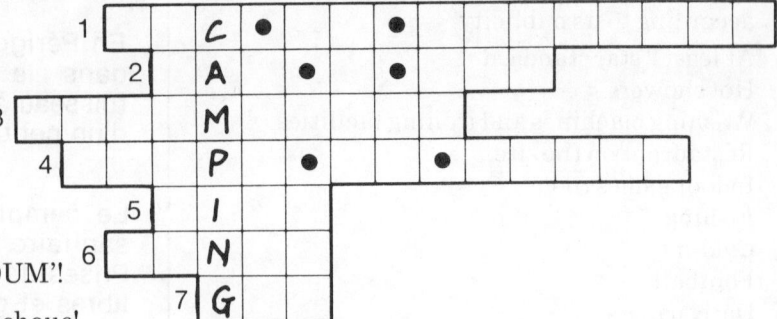

Deux à deux (1)   *(See page 98)*

Au camping

B

You are the shopkeeper in a campsite shop. Your partner is a camper who comes into the shop to buy some food. Make appropriate replies to the camper's requests. Ask questions such as 'Combien en voulez-vous?' You have not got any ham. You have no peaches but you have apples, pears and bananas.

Deux à deux (2)   *(See page 98)*

L'argent de poche

B

You and your partner are French teenagers discussing pocket-money. Find out how much your partner gets and from whom, by asking: 'Qui te donne de l'argent de poche?'

Write down the information so that you can tell your parents later (e.g. *Son père lui donne . . .*).

You receive money from several members of your family as follows:

Mère – 30F
Grand-père – 2F
Oncle André – 15F
Tante Isabelle – 10F
Frère aîné – 3F

Give this information to your partner when you are asked (e.g. *Ma mère me donne . . .*).

Exercices

Pair them off

Join up each word with another one, using *à* or *de* to make a new word. *Example:* salle de bains

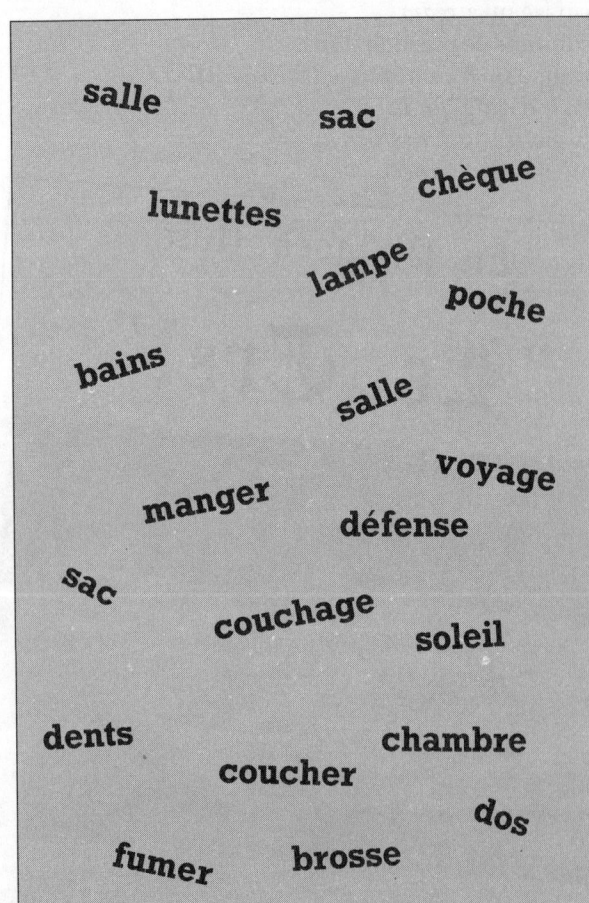

salle   sac   chèque   lunettes   lampe   poche   bains   salle   voyage   manger   défense   sac   couchage   soleil   dents   chambre   coucher   dos   fumer   brosse

Vous avez raison

Answer these questions using the clues in the pictures. The first one is done for you.

1 Pourquoi est-ce que tu bois un verre d'eau? Parce que j'ai soif.
2 Pourquoi est-ce qu'il met un pullover?
3 Pourquoi est-ce que tu prends de l'aspirine?
4 Pourquoi est-ce qu'elle monte sur une chaise?
5 Pourquoi est-ce que vous vous couchez si tôt?
6 Pourquoi est-ce que tu enlèves ton pullover?
7 Pourquoi est-ce qu'il va à la banque?
8 Pourquoi est-ce qu'il est heureux?
9 Pourquoi est-ce qu'elle est triste?
10 Pourquoi est-ce qu'elles mangent de gros sandwichs?

En français, s'il vous plaît

Reread the dialogues from p. 94, find the French equivalent of the following words and expressions and learn them:

1 The warden (of a campsite)
2 The warden (of a youth hostel)
3 Not much
4 That doesn't matter
5 At the far end of the campsite
6 That depends
7 A pleasant evening
8 Later
9 You're telling me!
10 It is intolerable
11 It is not working
12 Too bad!

Réservez à l'avance

Although it is usually possible to find a room in a hotel or a place on a campsite without booking in advance, it is obviously better to be assured of a place if your arrival is likely to be in the evening, or if you are travelling during a busy holiday period. It is a simple matter to make your reservation by writing directly to the hotel or campsite of your choice. You can obtain a list of hotels and campsites from appropriate guide books, or by writing to the tourist information office in the town where you want to stay.

These will be formal letters, so learn the French way of setting out such a letter.

Here is a letter written by Brian Stanton, who is planning a camping holiday in Brittany:

Mr B Stanton,
39, North Lane,
SCARBOROUGH,
North Yorkshire,
ANGLETERRE

OFFICE DU TOURISME,
6, rue Horloge,
22100 DINAN,
FRANCE

Monsieur,

Je voudrais passer des vacances en Bretagne avec des amis. Pourriez-vous m'envoyer les renseignements suivants:
— une liste des terrains de camping de la région
— une liste des monuments et des musées
— des brochures sur la Bretagne

Je vous prie d'agréer, Monsieur, l'expression de mes sentiments distingués,

Brian Stanton

The same headings and layout would be used to reserve a place in a hotel or on a campsite.

This is what Brian Stanton wrote to reserve a place on the campsite he chose:

> Monsieur,
>
> Je voudrais réserver un emplacement à votre terrain de camping. Nous sommes quatre adultes et nous avons deux tentes et une voiture. Nous voudrions rester du 9 au 14 août, 5 nuits en tout. Pourriez-vous m'envoyer vos tarifs, s'il vous plaît?
>
> Je vous prie . . .
>
> *Brian Stanton*
>
> Brian Stanton

Using the correct heading and ending, write the following letters:

1 To Camping du Bois Joli, Boulevard de Berck, 62780 Stella-Plage, making a reservation for 2 adults and 2 children, one tent and a car, for 4 nights in July.

2. To Hôtel St Bernard, Rue Courtépée, 2100 Dijon, booking 2 double rooms with showers for 3 nights in August.

Entendu

Qu'est-ce qu'il a dit?

Listen to these short extracts from dialogues at a campsite and youth hostel, then write down in English what the **man** says:

Quelle auberge?

Whilst staying with your penfriend during the Easter holidays, you decide to spend a weekend at a youth hostel. From the map you choose three hostels which are suitably located. Your penfriend's father checks their details from the *Guide des auberges de jeunesse*. You note down in English what he says about each one. The three

Commune Classe Repère carte	Adresse Téléphone Parents aubergistes	Ouverture • annuelle • horaire • Jours de fermeture	Villes proches km	Accès Gare	Accès Bus	Nombre lits	Tarifs en Francs Nuit	Draps	P.déj.	Repas	Cuisine d'usagers	Réception groupes	Réception bus	Camping	Activités organisées par l'A.J.	Attractions touristiques
CHINON * ⌂ C 4	Centre Animation Accueil Rue Descartes 37500 Chinon (47) 93.10.48 Sylvain GROSPEAUD	Permanent	Saumur 30 Tours 50	Chinon 0.5 km		40	22	6	Non	Non		R			Artisanat Tennis Equitation	Ville et Château Château Azay-le-Rideau, Langeais, Ussay, Abbaye de Fontevraud
COMPIÈGNE * △ D 5	6, rue Pasteur 60200 Compiègne (4) 440.26.00	1/2 au 31/12	St-Quentin 65 Paris 75	Compiègne 1 km		24	17 ind. 15 gr.	8	Non	Non		R				Ville et forêt de Compiègne Châteaux de Compiègne et de Pierrefonds
CONCOTS △ D 2 et p.21	Auberge du Mesnil Concots 46260 Limogne-en-Quercy	6/2 au 31/12	Cahors 24 Limogne 11	Cahors 24 km	de Cahors à Villefranche	12	21	Non	18	50		R			Tennis Randonnée Pédestre	Vallée du Lot Causses de Limogne
CORDES △ D 2 et p.21	La Védillerie Les Cabanes 81170 Cordes (63) 56.04.17 M. KERJEAN	Permanent	Carmaux 30 Gaillac 30 Albi 30 Villefranche-de-R. 45	Cordes - Vindrac		30	22	5	13	Non		R				Vieille ville de Cordes Gorges de l'Aveyron
CORNAC △ D 2 et p.21	Grand Place Cornac 46130 Bretenoux (65) 38.61.90	Permanent	Bretenoux 4 St-Céré 10	Bretenoux 4 km	de Bretenoux à St-Céré	12	19	Non	11	40		R				Gouffre de Padirac Gorges de la Dordogne et de la Cère
CORTE ⛺ A 1 et p.2	Camping l'Alivetu 20250 Corte (95) 46.11.09 D. JEBAIN	1/5 au 31/10	Corte 0	Corte	Réseau urbain	20	15	Non	Non	Non		R				Ville de Corte, vallées Restonica et Tavignano

possible hostels are Concots, Marcilhac and Laramière.

Write these three names down, and beside each one, write all the information you hear.

Lecture

Qu'est-ce que ça veut dire?

Here are some notices that you might see on a campsite. What do they mean?

1 (At the entrance to the campsite)

CAMPING COMPLET

2 (At the entrance to the campsite)

OUVERT TOUTE L'ANNÉE

3 (Above a water tap)

EAU POTABLE

4 (On a noticeboard)

GARDEZ LE TERRAIN PROPRE. UTILISEZ LES POUBELLES

5 (In the window of the café)

PLATS CUISINÉS

In the middle of a large campsite, these signposts show the way to various places on the site. Can you identify all the places indicated?

What are drivers asked to do on this campsite?

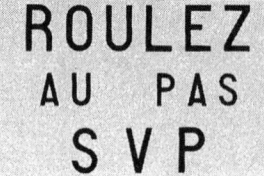

ROULEZ
AU PAS
SVP

This is a notice concerning dogs on the campsite. What do you think is forbidden?

LA DIVAGATION
DES CHIENS EST
INTERDITE SUR LE
TERRAIN DE CAMPING

Who is authorised to drive on the campsite? What are campers asked to do on their arrival?

SEULS LES CAMPEURS ET LEURS
VEHICULES SONT AUTORISES A CIRCULER
DANS LE CAMPING.

LES CAMPEURS ET LES CARAVANIERS
SONT INVITES A SE PRESENTER AU
BUREAU POUR OBTENIR
UN EMPLACEMENT.

Here are some notices that you might see in a youth hostel. What do they mean?

PETIT DÉJEUNER À 8H: DÎNER À 19H

CUISINE

SALLE DE BAINS

SALLE À MANGER

SALLE DE SÉJOUR

ENTRÉE

SORTIE

DORTOIR DES FILLES

DORTOIR DES GARÇONS

DÉFENSE DE MANGER DANS LES DORTOIRS

DÉFENSE DE FUMER SAUF DANS LA SALLE DE JEUX

DOUCHES

SILENCE APRÈS 23H

Renseignez-vous sur le camping

Read this description carefully and try to find the following information:

1 One thing that all campsites have in common

2 The **differences** between the four categories of campsite as regards:

   a) space for tents/caravans
   b) cold/warm showers
   c) washbasins
   d) recreation areas

3 A short, clear definition of *camping à la ferme* and *camping sauvage*

CAMPING

Terrains homologués

Tout terrain de camping fait l'objet d'une homologation et d'un classement.

• **1 étoile** : Bâtiment de qualité, lavabos avec glace et tablette, douches froides, plantations (10 % de la surface plantée en arbres ou arbustes) ; espaces de 90 m².
• **2 étoiles** : En plus, terrain clôturé, gardiennage assuré, éclairage des parties communes, prises pour rasoir, aire de jeux ; espaces de 90 m².
• **3 étoiles** : En plus, ravitaillement sur place ou à proximité, douches chaudes, lavabos individuels et en cabines, éclairage nocturne des voies principales, gardiennage jour et nuit, téléphone, terrains de jeux équipés ; espaces de 95 m² délimités.
• **4 étoiles** : Particulièrement bien aménagé et confortable. En plus lavabos en cabines, décoration florale ; espaces de 100 m² délimités.
Le règlement intérieur doit figurer à l'entrée du terrain ainsi que le plan et les tarifs. Les tarifs 1982 ne doivent pas dépasser de plus de 12 % ceux de l'an passé selon les accords passés avec le ministère de l'Économie et des Finances.

Camping à la ferme

Cette appellation est réservée à des espaces installés sur une propriété agricole. Il ne peut y avoir plus de 5 emplacements d'au moins 150 m².

Camping sauvage

Sur certains itinéraires de randonnées, ou dans certaines communes, des aires de camping naturelles sont aménagées. Par respect pour l'environnement, ne plantez pas vos tentes en dehors de ces emplacements. N'oubliez pas qu'à quelques kilomètres des côtes les campings ne sont plus surchargés. Suivez les indications qui seront fournies par le Secrétariat d'Etat au Tourisme.

This is the preface to a brochure published by the French Youth Hostels Federation. Read it, then answer the questions:

1 What type of holiday or weekend break is the reader offered?

2 What other use might one make of the youth hostels apart from holidays or weekend breaks?

3 What three things could one do in a way to suit one's individual tastes?

4 What can be found in the *Guide des Auberges de Jeunesse en France*?

Chers Amis,

Voici notre brochure "VACANCES-ACTIVITES 1984"

Comme vous le verrez, nous vous offrons de nombreuses possibilités pour passer vos vacances (lieux de séjours, activités diverses) ou vos week-end, de façon active, dans une de nos Auberges.

Mais ce n'est pas tout ! Si vous préférez simplement voyager à travers la France et vous arrêter où vous le voulez, il y a plus de 180 Auberges prêtes à vous accueillir.

La plupart des Auberges vous offrent non seulement l'hébergement pour la nuit mais vous pouvez aussi y séjourner plusieurs jours ou même y passer vos vacances.

Vous avez ainsi la possibilité de découvrir la ville ou la région environnante, louer une bicyclette, pratiquer plusieurs activités différentes et ceci de façon individuelle.

Tous les renseignements utiles à ce sujet ainsi qu'une carte localisant les Auberges sont dans notre "guide des Auberges de Jeunesse en France".

NOUS VOUS SOUHAITONS UN AGREABLE SEJOUR DANS NOS AUBERGES DE JEUNESSE.

This is part of a brochure produced by the French Youth Hostelling Association, showing what activities are offered at various hostels. The hostel at La Rochelle is offering a course in windsurfing. Can you understand the details? Read the information, then answer the questions:

1 Is this a course for beginners, for experienced windsurfers or for all levels?

2 Two conditions are required for admission to the course. One is a medical certificate that water-sports would not be harmful to you. What is the other?

3 During what months is the course available?

4 On what day of the week does the course (a) begin, (b) end?

5 Apart from six hours of tuition, what else does the course include?

6 What meals are served at the youth hostel?

PLANCHE A VOILE

LA ROCHELLE

Tous niveaux. Age minimum 16 ans.
Autres conditions : savoir nager, certificat de non-contre indication aux sports nautiques.
7 jours : **1190 F**
du 17.06 au 16.09 chaque semaine
du dimanche au dimanche.
Programme :
6 heures de cours pendant 6 jours. Stage réalisé en collaboration avec l'Ecole de Voile Rochellaise située à 300 m de l'Auberge, sur le Port de Plaisance des Minimes (à 5 mn du centre ville).
Ce stage comprend également une visite guidée de La Rochelle.
Le prix comprend :
demi-pension, encadrement, prêt matériel.
Le repas du midi peut être pris à l'Ecole de Voile.

Grammaire

Indirect object pronouns

Remember that we need pronouns so that we don't have to keep repeating nouns once they have been mentioned.

Here is another set of pronouns, which indicate the meaning **to someone**. They are the same as the direct object pronouns (explained in Lesson 6), except for the third person singular and plural:

me *to me*	nous *to us*
te *to you*	vous *to you*
lui *to him, to her*	leur *to them*

They come before the verb, except when used in a command:

Mon père **me** donne de l'argent de poche
My father gives (to) me pocket money

Je **te** présente ma soeur
May I introduce my sister to you

Le gardien **leur** a montré l'emplacement
The warden showed (to) them the site

In a command, they come after the verb and are attached to it with a hyphen; *me* and *te* become *moi* and *toi*:

Passe-**moi** la lampe de poche
Pass (to) me the torch

Dis-**lui** bonjour de ma part
Say hello to him for me

You will have noticed that the English version does not always contain the word 'to'. This can lead to mistakes in French with some verbs. Note particularly the following:

téléphoner à: Je leur ai téléphoné
I phoned (to) them

demander à: Je lui ai demandé de l'argent
I asked him for some money

If you need to use both direct objects and indirect objects in the same sentence, remember the order. The indirect object pronoun in the 1st and 2nd persons comes before the direct object pronoun, but in the 3rd person it comes after. Learn these easy examples to fix the pattern:

Il me le donne	Il vous le donne
Il te le donne	Je le lui donne
Il nous le donne	Je le leur donne

Avoir idioms

There are a group of expressions using the verb *avoir* which in English use the verb *to be*:

Vous avez de la chance *You are lucky*

Tu as tort *You are wrong*

You have been using one of the most common of these from the very early days of learning French: J'ai onze ans *I am 11*.

These are the *avoir idioms* that you need to know:

avoir faim *to be hungry*

avoir soif *to be thirsty*

avoir chaud *to be hot*

avoir froid *to be cold*

avoir raison *to be right*

avoir tort *to be wrong*

avoir de la chance *to be lucky*

avoir peur de *to be afraid of*

avoir besoin de *to need*

Vocabulaire

les allumettes *matches*
les arbres *trees*
camper *to camp*
le campeur *camper*
le camping *campsite*
la caravane *caravan*
complet *full*
dormir *to sleep*
le dortoir *dormitory*
le drap *sheet*
l'emplacement *site, pitch, place*
faire du camping *to go camping*
le gardien *warden*
le gaz *butane gas*
la lampe de poche *torch*
le lavabo *washbasin*
l'ouvre-boîte *tin-opener*
la pile *battery (for torch)*
le plat cuisiné *cooked meal (to take away)*
la poubelle *rubbish bin*
le règlement *regulations*
le sac à dos *rucksack*
le sac de couchage *sleeping-bag*
la salle de jeux *games room*
la tente *tent*
le terrain *campsite*

Qu'est-ce qui s'est passé ?

Aims

1 Reporting lost property

2 Talking and writing about past events

Phrases clef

Au bureau des objets trouvés

Ce qu'il faut dire

J'ai perdu mon portefeuille *I have lost my wallet*
J'ai oublié mon appareil-photo dans l'autobus
I've left my camera on the bus
J'ai laissé mon passeport à la banque
I've left my passport in the bank
Je l'ai perdu ce matin *I lost it this morning*
Il est en cuir brun *It is brown leather*
Il est assez vieux *It is fairly old*
C'est un Kodak *It is a Kodak*
Je ne sais pas exactement *I don't know exactly*

Ce qu'il faut comprendre

Bonjour, monsieur. Je peux vous aider?
Good morning. Can I help you?
Où l'avez-vous laissé? *Where did you leave it?*
Quand l'avez-vous perdu? *When did you lose it?*
Pouvez-vous décrire votre sac à main?
Can you describe your handbag?
Qu'est-ce qu'il y a dedans? *What is inside it?*
Il est de quelle couleur? *What colour is it?*
Voulez-vous remplir cette fiche?
Will you fill in this form?

Rappel!

Si vous avez la malchance de perdre quelque chose d'important pendant un séjour en France, il faut aller tout de suite au commissariat où se trouve, généralement, le bureau des objets trouvés. Il y a aussi des bureaux des objets trouvés dans des gares SNCF, et dans des gares routières.

Vous allez entendre des conversations qui se passent dans ces bureaux. Écoutez la bande et répondez aux questions:

Au commissariat

1 What has the lady lost?
2 What question is she asked?
3 Does she retrieve her lost property?
4 When should she return?

À la gare routière

1 Where and when did the woman lose her purse?
2 How does she describe her purse?
3 What was inside it?

À la gare SNCF

1 What has this lady lost?
2 Where does she think she may have left it?
3 What is she asked to do when she receives her lost article?

Dialogues

1

Benoît Guyard et son correspondant, Matthew Drury, ont passé une journée à Beaune. Maintenant, vers la fin de l'après-midi, ils entrent dans un café.

Benoît: – Qu'est-ce que tu prends, Matthew? Moi, je prends un diabolo menthe.

Matthew: – Et moi aussi – avec des glaçons si c'est possible. Il fait si chaud.

Benoît: – Eh bien. Tu t'es bien amusé aujourd'hui à Beaune?

Matthew: – Ah oui. C'est une très belle ville. J'ai aimé énormément l'Hôtel-Dieu. C'est un musée très intéressant.

Benoît: – Qu'est-ce que tu as pensé du Musée du Vin?

Matthew: – Je l'ai trouvé passionnant. En effet, j'ai pris environ vingt photos de Beaune aujourd'hui. À propos, je dois changer la pellicule encore une fois. Où est mon appareil? Tiens! Il n'est pas là. Mince, alors. Où est-il? Que je suis bête!

Benoît: – Tu l'as laissé quelque part? Dans le bus peut-être ou dans les toilettes? Tu as pris une photo de la basilique et juste après nous avons pris l'autobus. Allons voir dans les toilettes. Si ton appareil n'est pas là, nous devrons aller au bureau des objets trouvés.

Vous avez tout compris?

Écrivez *vrai* ou *faux* pour chaque phrase:

1 Les deux garçons ont passé la journée chez eux.
2 Matthew prend une glace parce qu'il a chaud.
3 Ils ont visité au moins deux musées.
4 Matthew a pris beaucoup de photographies.
5 Il a perdu son appareil.
6 Ils ont pris l'autobus après avoir pris des photos de la basilique.

2

L'appareil de Matthew n'était pas dans les toilettes du café. Ils vont donc à la gare des autobus et ils entrent dans le bureau des objets trouvés.

Employé: – Bonjour, messieurs.

Benoît: – Bonjour, monsieur. Mon ami anglais a perdu son appareil-photo. Nous croyons qu'il l'a laissé dans un bus.

Employé: – Quand ça?

Benoît: – Cet après-midi vers trois heures.

Employé: – Vous savez le numéro de l'autobus?

Benoît: – Je ne m'en souviens pas. Tu le sais Matthew?

Matthew: – Euh . . . dix-neuf. C'était la ligne des remparts au centre ville.

Employé: – Bon. Et c'est quelle marque, votre appareil?

Matthew: – C'est un Kodak.

Employé: – Voyons. Je crois que vous avez de la chance. Un de nos conducteurs vient de me donner un appareil. On l'a laissé dans l'autobus numéro dix-neuf cet après-midi. Voilà. C'est bien un Kodak. C'est le vôtre, monsieur?

Matthew: – Ah oui. Merci, monsieur. Voulez-vous remercier le conducteur pour moi? Je peux lui donner quelque chose comme récompense.

Employé: – Absolument pas. Ça, c'est interdit. Je vous demande seulement de signer cette fiche et de mettre votre adresse.

Vous avez tout compris?

Répondez en français aux questions suivantes:

1 Où se passe cette scène?
2 Qui se souvient du numéro de l'autobus?
3 À quelle heure est-ce que Matthew a perdu son appareil?
4 Qui a trouvé l'appareil?
5 Est-ce que Matthew donne une récompense au conducteur? Pourquoi?
6 Qu'est-ce que l'employé demande à Matthew?

Matthew a pris ces photos de Beaune

3 🎞

Florence Delcourt est rentrée en France il y a deux jours, après son séjour en Écosse. Maintenant elle parle à son amie, Sylvie.

Sylvie: – Quand est-ce que tu es rentrée?

Florence: – Avant-hier.

Sylvie: – Dis-moi, Florence, qu'est-ce qui s'est passé? Qu'est-ce que tu as fait? Tu t'es bien amusée?

Florence: – C'était formidable, Sylvie. Édimbourg est une très belle ville historique et touristique. J'ai aussi visité Glasgow et St Andrews. Un jour, je suis allée avec la famille de Sharon jusqu'à York au nord de l'Angleterre.

Sylvie: – Est-ce que tu as fait la connaissance d'autres jeunes gens?

Florence: – Oui. Je suis allée au collège avec Sharon pendant les trois derniers jours du trimestre. Je l'ai trouvé un peu bizarre. C'est un collège de jeunes filles. Tout le monde était en uniforme scolaire.

Sylvie: – Qu'est-ce que tu as vu à Édimbourg?

Florence: – Nous sommes montés au château. Ce jour-là, le petit frère de Sharon est tombé et s'est cassé le bras.

Sylvie: – Tu as fait des achats?

Florence: – Bien sûr. La veille de mon départ, je suis allée en ville avec Sharon et j'ai dépensé presque tout mon argent dans les grands magasins de Princes Street, la rue principale d'Édimbourg. J'ai acheté des pulls en laine, un kilt, et voilà un petit cadeau pour toi, Sylvie, une écharpe écossaise.

Vous avez tout compris?

Corrigez ces phrases. Elles sont toutes fausses:

1 Florence est arrivée en France hier.
2 Édimbourg est une nouvelle ville industrielle.
3 Florence a visité Glasgow et Aberdeen.
4 Elle est allée seule à York.
5 Le frère de Sharon s'est cassé la jambe.
6 Sylvie a reçu un kilt comme cadeau.

4

Jean-Paul a passé une journée au bord de la mer avec sa famille. Maintenant il parle à son ami, Pascal.

Pascal: – Tout s'est bien passé samedi? Qu'est-ce que tu as fait?

Jean-Paul: – Assez bien. Nous sommes arrivés vers midi et nous nous sommes installés tout de suite sur la plage. Moi, je me suis baigné dans la mer. Mes parents et ma soeur se sont bronzés au soleil.

Pascal: – Vous avez déjeuné dans un restaurant?

Jean-Paul: – Non. Nous avons fait un pique-nique. Et après, ma mère et ma soeur sont allées en ville. Mon père et moi, nous nous sommes promenés le long de la plage, presque deux kilomètres.

Pascal: – Est-ce que vous êtes allés au parc d'attractions?

Jean-Paul: – Ah oui. C'était sensationnel. Malheureusement, ma soeur est tombée et s'est blessé à la jambe. Après ça, on a dîné dans un restaurant et on est parti à neuf heures et demie. On est rentré très tard le soir. Ça va sans dire que je me suis levé très tard le lendemain.

Vous avez tout compris?

Écrivez en anglais ce que Jean-Paul et sa famille ont fait ce jour-là au bord de la mer.

Résumé

J'ai perdu	mon	portefeuille		
J'ai oublié		porte-monnaie		
J'ai laissé		sac à main	à la banque	
		passeport	dans l'autobus	
		parapluie		
		appareil-photo	au cinéma	
		imperméable		
		anorak		
	ma	clé		
		montre		
		valise		

Quand l'avez-vous perdu(e)?

Je l'ai perdu(e)	cet après-midi
	ce matin
	hier
	avant-hier
	il y a trois jours

Pouvez-vous décrire votre portefeuille (etc)?

Il/elle est	(assez)	vieux/vieille
	(presque)	neuf/neuve
		grand(e)
		petit(e)
		brun(e)
		en cuir
		en plastique

C'est quelle marque?
Qu'est-ce qu'il y a dedans?
Je regrette, votre montre n'est pas là.
Vous avez de la chance.
Voulez-vous remplir cette fiche?
Qu'est-ce que tu as fait?
Qu'est-ce qui s'est passé?

Je suis	allé(e) en ville	Je me suis	amusé(e)
On est	rentré(e) avant-hier		levé(e) de bonne heure
	monté(e) au château		couché(e) très tard
	tombé(e)		bronzé(e) au soleil
	arrivé(e)		installé(e) sur la plage
	parti(e)		baigné(e) dans la mer
			promené(e)

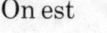
Nous sommes allé(e)s etc.   Nous nous sommes amusé(e)s etc.

Activités

Faites des dialogues

Work out with your partner what to say in the following situations. Practise the dialogues, taking each part in turn.

Partner A (Tourist) Report the loss of your wallet or purse. You do not know exactly where you lost it. There are two photographs and about fifty francs inside it.

Partner B (Employé) Start the dialogue with a greeting. Ask where the wallet or purse was lost. Ask what was inside it.

Partner A (Tourist) Report the loss of your suitcase. You left it in the waiting-room this morning. It is blue and quite large.

Partner B (Employé) Ask where the suitcase was lost and when. Ask for a description. Ask him or her to fill in this form.

Deux à deux   *(See page 114)*

On parle des vacances

A

Compare your holiday activities with those of your partner. Ask what he or she did on each day, then say what you did. Use the notes below. (Girls, remember that, if you were writing these notes, you would add an *e* to the past participles of the verbs taking *être*.) Start with the question: 'Qu'est-ce que tu as fait dimanche?' Note down in English what your partner did on each day.

dimanche: – Je suis resté au lit
lundi: – Je me suis levé de bonne heure
mardi: – Je suis allé à la piscine
mercredi: – J'ai acheté des souvenirs
jeudi: – Je suis monté au sommet de la
             cathédrale
vendredi: – Je me suis reposé à l'hôtel
samedi: – Je me suis amusé avec mes copains
             Je me suis couché très tard

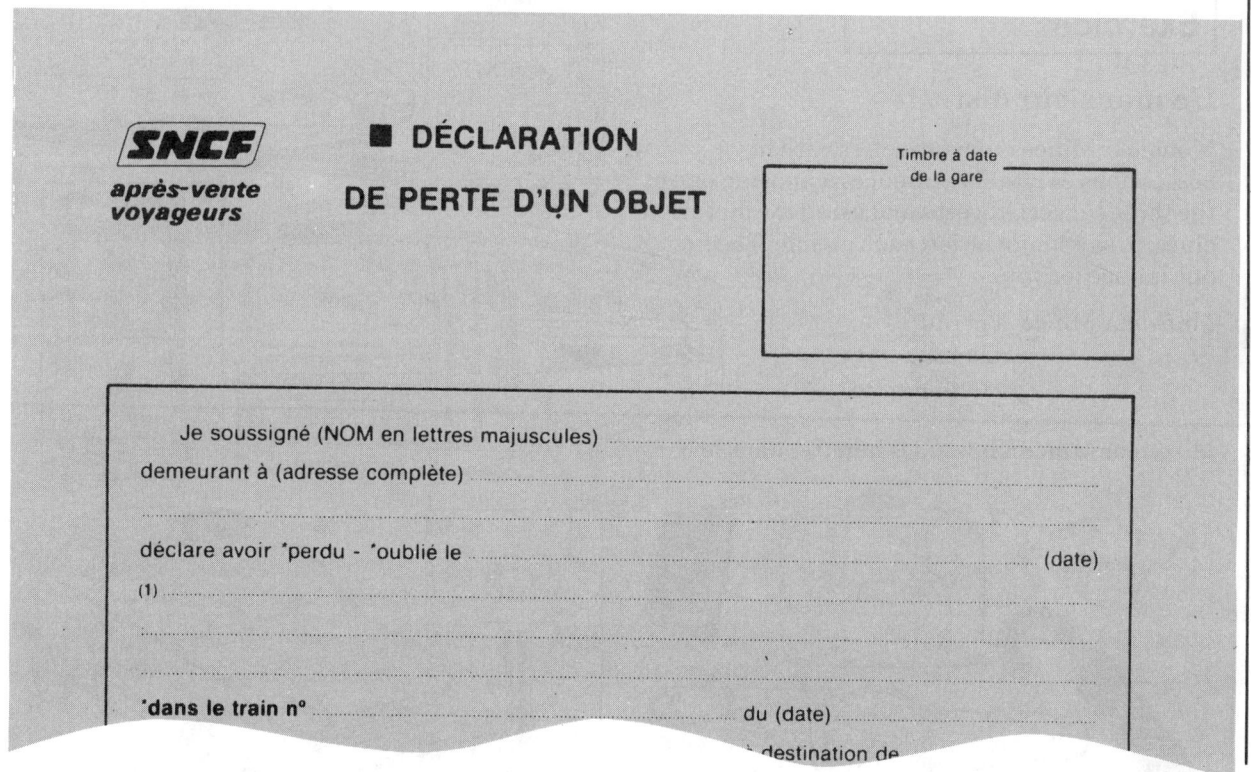

SNCF
après-vente voyageurs

■ **DÉCLARATION**
DE PERTE D'UN OBJET

Timbre à date
de la gare

Je soussigné (NOM en lettres majuscules) ....
demeurant à (adresse complète) ....

déclare avoir *perdu - *oublié le .... (date)
(1)
....

....

*dans le train n° .... du (date) ....

                                    ... destination de ......

113

Deux à deux (*See page 113*)

On parle des vacances

B

Answer your partner's questions using the notes below. (Girls, remember that, if you were writing these notes, you would add an *e* to the past participles of the verbs taking *être*.) When you have answered your partner's question, ask the question: 'Et toi?' Note down in English what your partner did on each day.

dimanche: – Je suis arrivé au camping
lundi: – Je suis descendu à la mer
mardi: – Je suis allé en ville à vélo
mercredi: – Je me suis bronzé sur la plage
jeudi: – Je me suis promené dans la forêt
vendredi: – Je suis tombé de mon vélo
samedi: – J'ai quitté le camping
Je suis rentré chez moi

Une carte postale

Whilst on holiday at the seaside, you write a postcard to your French friend, saying what you have done. Include sunbathing, buying souvenirs, going to the zoo and to the cinema.

Parfait!

Rewrite these sentences, changing the verbs to the perfect tense. Consult the Grammar reference on p. 118 for help:

1 Je vais à la piscine.
2 Tu montes au sommet de la tour?
3 Jean vient à pied.
4 Henriette tombe par terre.
5 Nous sortons ce soir.
6 Vous, Jean et toi, vous restez chez vous?
7 Jean et Marc arrivent en taxi.
8 Marie et Jeanne entrent ensemble.
9 Jean et Marie descendent la rue.
10 On rentre vers minuit.

Exercices

Un monsieur distrait

Monsieur Mince is very careless with his possessions. Write six sentences, choosing one of the three suggested verbs and using the picture clues, to say where he left each article. The first one is done for you.

Monsieur Mince a perdu
a laissé
a oublié

Monsieur Mince a laissé ses lunettes dans le bar.

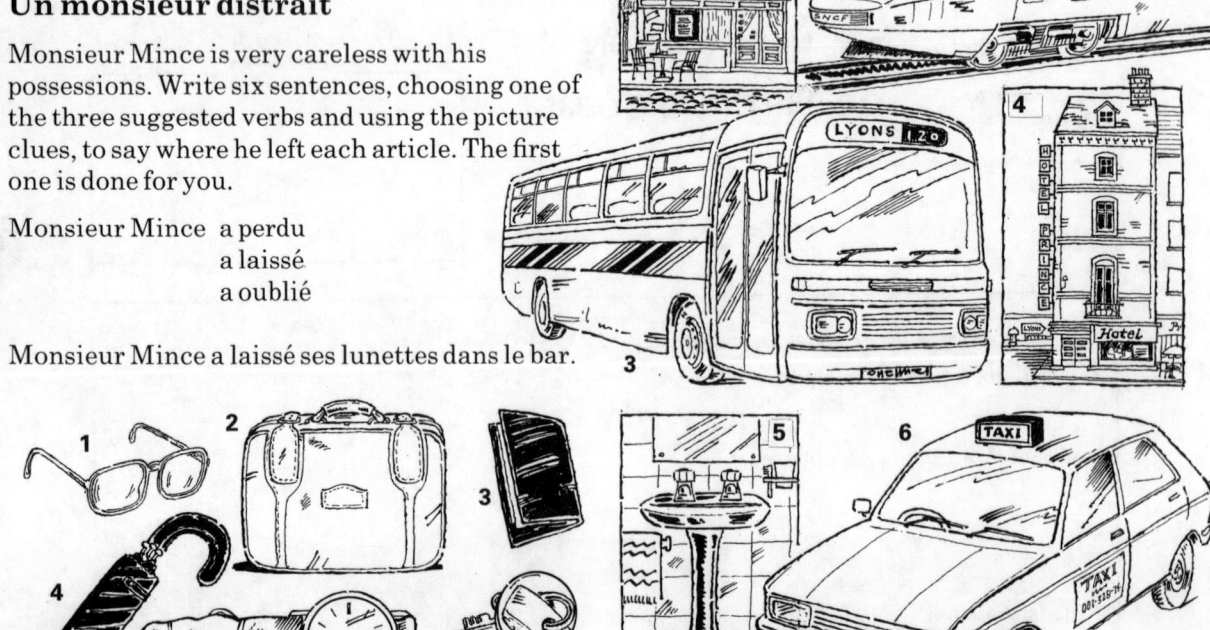

Répondez

Practise asking and answering these questions with your partner or your teacher, then write the answers. (Girls, remember you need an extra *e* on the participles.) Consult the Grammar reference on p.119 for help:

À quelle heure est-ce que tu t'es réveillé(e) ce matin?
Tu t'es levé(e) à quelle heure?
Où est-ce que tu t'es habillé(e)?
À quelle heure est-ce que tu t'es couché(e) hier soir?
Et vos parents, à quelle heure est-ce qu'ils se sont couchés?

Belongings

Fit each of these articles into sentences according to the model given. Consult the Grammar reference on p. 119 to help you:

Un vélo: Tu as perdu ton vélo?
          Oui, j'ai perdu mon vélo.
          Et Maurice?
          Il a perdu son vélo aussi.

a) un chapeau b) une montre c) une écharpe
d) des gants

Complétez

Complete these sentences, following the example. Consult the Grammar reference on p. 119 to help you:

Example: J'ai garé ma voiture.

a) Nous avons garé . . . . . voiture.
b) Nous sommes allés voir . . . . . parents.
c) Vous avez trouvé . . . . . valise?
d) Vous avez trouvé . . . . . lunettes.
e) Ils ont vendu . . . . . maison.
f) Elles ont oublié . . . . . passeports.

Entendu

Qu'est-ce qu'il a dit?

Listen to these extracts from conversations in a lost property office. After each one, write down what the **man** asks.

Qui a fait quoi?

Three young people, Vincent, Christine and Thierry, are asked about what they did last Wednesday. Make a grid like the one below, listen carefully to what each person says, then put a tick against the things they did:

	Vincent	Christine	Thierry
Nothing special			
Slept late			
Bike ride			
Homework			
Lost something			
Swimming			
Played cards			
Had a bath			
Washed hair			
Went to town			
Bought record			
Cinema			

Now listen again to the tape and, consulting also your completed grid, join up these columns to make accurate sentences:

Vincent   s'est réveillé tôt
Christine   se sont promenés à
                         bicyclette
Thierry   ont pris un bain
Vincent et Christine   ont perdu quelque chose
Vincent et Thierry   est allée à la piscine
Christine et Thierry   sont allés en ville
Tous les trois   a acheté un disque

Interview

A French boy staying in England is asked a number of questions about himself. Listen to the questions and answers, then write down, in English, everything you find out about him. Begin with: 'His name is . . .'

Lecture

As you read this article from a French newspaper, remember that it is not necessary to understand every single word in order to gain a fairly clear idea of the incident. Some of the more difficult words are translated to help you to answer the questions.

Nouveaux incidents entre policiers et jeunes des Minguettes

Six policiers ont été légèrement blessés lundi soir et quatre véhicules de police ont été endommagés par des pierres lancées par environ 200 jeunes gens dans le quartier des Minguettes à Vénissieux (banlieue de Lyon).

Lundi vers 20 h, les policiers du commissariat de Vénissieux intervenaient pour secourir un ouvrier algérien âgé d'une quarantaine d'années, persécuté depuis plusieurs jours par le voyous du quartier qui lui reprochaient un récent témoignage contre des malfaiteurs locaux.

Pris à partie devant sa porte, l'ouvrier, victime de menaces continuelles depuis sa déposition, venait de tirer de son balcon quatre coups de feu en l'air avec une arme de chasse pour donner l'alerte. C'est alors que les policiers sortaient de l'immeuble en protégeant le tireur que le groupe fut accueilli par une pluie de pierres lancées par les jeunes gens du quartier.

L'ouvrier algérien a été relogé lundi soir dans un endroit secret, tandis que son logement était gardé pendant la nuit par des policiers. Une enquête judiciaire a été ouverte.

secourir *to help*
les voyous *hooligans*
lui reprochaient *were holding him responsible*
un témoignage *evidence*
des malfaiteurs *lawbreakers*

1 The article describes:
   a) an attack by the police on a group of young people
   b) an attack by a group of young people on the police
   c) a police raid on a house
2 Who was hurt?
3 What was damaged?
4 What was thrown by whom?
5 When did the incident take place?
6 An Algerian workman was involved. What was his age?
7 Why was the Algerian being persecuted?
8 Why did he fire four shots from his balcony?
9 What do you think *une arme de chasse* is?
10 Where was the Algerian taken on Monday night?

Lettre d'Emmanuel

Read this letter from Emmanuel to his English penfriend, Tom, then answer the questions below:

1 What comment does Emmanuel make about Tom's last letter?
2 What had Tom asked in his previous letter?
3 What did Emmanuel do on Saturday morning? What did he think about it?
4 How did he travel into Paris? How long did it take him?
5 With whom did he go to Paris?
6 What comment does he make on eating in Paris?
7 What did he find attractive about Saturday night in the Latin Quarter?
8 How does Emmanuel regard Sundays?
9 What did he do on Sunday evening?
10 What information does he request from Tom?

Cher Tom,

Merci de ta dernière lettre qui m'a fait grand plaisir.

Tu m'as demandé de te dire ce que je fais généralement le weekend. Voilà ce que j'ai fait le weekend passé.

Tu sais déjà que nous avons des classes samedi matin - une heure de mathématiques et une heure de français - affreux! Après avoir déjeuné à la maison, je suis allé à Paris. Ça prend seulement une demi-heure par le métro. La proximité de la capitale permet beaucoup de distractions. Cette fois, nous sommes allés, des copains et moi, voir le film "Changement de saisons", un film américain doublé en français. Puis, on a mangé quelque chose dans une brasserie. C'est très cher au centre de Paris. Nous nous sommes bien amusés le soir en nous promenant dans le quartier latin où on peut voir toutes sortes de choses et de types bizarres, surtout le samedi soir.

Dimanche, comme toujours, je n'ai pas fait grand-chose. C'est pour moi un vrai jour de repos, sauf le soir quand j'ai des devoirs à faire. Je suis resté au lit jusqu'à neuf heures et demie. J'ai lu les journaux et j'ai joué avec des jeux-vidéo. C'est tout.

Et toi? Qu'est-ce que tu fais le weekend? Je voudrais aussi connaître tes goûts en ce qui concerne la musique.

J'espère avoir bientôt de tes nouvelles.
Je t'embrasse

Emmanuel.

Le Saint-Éloi vous propose

sa carte,
son éventail de menus,
ses spécialités,
ses desserts maisons,
autour d'un feu de bois
dans un cadre rustique
à l'ambiance intime et chaleureuse
ou en été,
le cadre verdoyant de sa terrasse.

Les attractions d'un restaurant

The restaurant Saint-Éloi carries this publicity on specially printed cards. Choose the six features that you would find most attractive. Note them down in English. Some difficult words are translated for you.

éventail *wide range (literally, fan)*
cadre *surroundings*
verdoyant *green*

Grammaire

Past events

In Lesson 4, you practised using the *passé composé* to talk about past events. Some verbs are changed to the past by using *être* instead of *avoir* as the auxiliary verb. There are two groups of such verbs. They are:

1 A small number of verbs, most of them expressing movement

Since you will probably need to use them quite a lot, they must be learnt. Learn them in pairs like this:

aller   venir
arriver   partir
entrer   sortir
monter   descendre
tomber   rester
rentrer   retourner
revenir   devenir

You will also need to know:

Il est né *He was born*

Il est mort *He died*

2 All reflexive verbs

You will have noticed in this lesson, that, when *être* is used, the participle behaves just like an adjective. It agrees with the subject of the verb:

Il est allé   **Elle** est all**ée**

Ils sont venus   **Elles** sont ven**ues**

With reflexive verbs, the *me, te, se* etc. are placed before the *être* part:

Marie s'est levée Nous nous sommes reposés

To make negative, insert the *ne . . . pas* on either side of the *être* part in the case of non-reflexive verbs:

Il **n**'est **pas** arrivé

For reflexive verbs, the *ne* comes before the *me, te, se* etc:

Je **ne** me suis **pas** amusé

Possession

To indicate to whom things belong, we use possessive adjectives. Examples in English are: **my** house; **your** cat; **our** car, etc. In French, the possessive adjective, like any other adjective, agrees with what it is describing. It does not agree with the owner:

mon père	*my father*
ma mère[1]	*my mother*
mes soeurs	*my sisters*
ton père	*your father*
ta mère[1]	*your mother*
tes frères	*your brothers*
son père	*his father, her father*
sa mère[1]	*his mother, her mother*
ses frères	*his sisters, her sisters*
notre maison	*our house*
notre chien	*our dog*
nos chats	*our cats*
votre maison	*your house*
votre chien	*your dog*
vos chats	*your cats*
leur maison	*their house*
leur chien	*their dog*
leurs chats	*their cats*

[1]   But use *mon, ton,* and *son* before a feminine word beginning with a vowel (e.g. *mon amie, ton écharpe, son auto*).

Vocabulaire

un appareil-photo *camera*
le bureau des objets trouvés *lost property office*
une clef *key*
une écharpe *scarf*
des gants *gloves*
un imperméable *raincoat*
laisser *to leave*
des lunettes *spectacles*
une montre *watch*
oublier *to forget*
un parapluie *umbrella*
perdre *to lose*
un portefeuille *wallet*
un porte-monnaie *purse*
une valise *suitcase*

aller *to go*
arriver *to arrive*
descendre *to go, come down*
devenir *to become*
entrer *to enter*
monter *to go, come up*
partir *to leave, depart*
rentrer *to return*
rester *to stay*
retourner *to return*
revenir *to come back*
sortir *to go, come out*
tomber *to fall*
venir *to come*

s'amuser *to enjoy oneself*
se baigner *to bathe*
se bronzer *to get a suntan*
se promener *to go for a walk*
se reposer *to rest*

Le client, c'est vous

Aims

1 Shopping for food, presents and clothes

2 Finding your way around a supermarket or large store

Phrases clef

Ce qu'il faut dire

Est-ce que vous avez des oeufs?
Do you have any eggs?

Je voudrais un kilo de pommes
I would like a kilo of apples

Donnez-moi un melon, s'il vous plaît
I'll have a melon please

C'est combien, le jambon? *How much is the ham?*

J'en prendrai deux *I'll take two*

Je préfère celui-ci *I prefer this one*

C'est trop grand *It's too big*

Vous en avez de plus petits?
Do you have any smaller ones?

Ça fait combien en tout?
How much is that altogether?

Le rayon des parfums, s'il vous plaît?
Where is the perfume department, please?

Où se trouve le poisson? *Where is the fish?*

Ce qu'il faut comprendre

Vous désirez? *What would you like?*

Il n'y en a pas *There isn't any*

Combien en voulez-vous?
How much would you like?

Je vous l'enveloppe? *Shall I wrap it for you?*

C'est pour offrir? *Would you like it gift-wrapped?*

C'est tout? *Is that all?*

Et avec ça? *Anything else?*

Payez à la caisse *Pay at the cash-desk*

De quelle taille/couleur? *What size/colour?*

Ça va? *Is that all right?*

Au fond, là-bas *At the end, over there*

Au premier étage *On the first floor*

Rappel!

Vous aimez faire des courses? Probablement pas, s'il s'agit d'accompagner vos parents au supermarché, ou d'aller à l'épicerie acheter 500 g de beurre pour le dîner. Mais imaginez que vous avez invité votre meilleur copain ou meilleure copine à dîner, et que vous vous occupez de toute la soirée, y compris le dîner. Ça c'est un peu plus intéressant car il faut décider du menu, faire des achats, préparer les plats, mettre la table.

Voilà ce qu'Alain a décidé de faire; il a invité sa copine, Marie-Thérèse, à dîner chez lui vendredi soir. Heureusement, il a choisi quelque chose de très simple: des crudités, une omelette au jambon, de la salade, du fromage et, comme dessert, des mille-feuilles. Pour acheter tout ça, Alain va tout d'abord au marché, puis à quelques autres magasins.

Écoutez la bande, puis essayez de compléter les détails de ses achats.

Répondez:

1 Est-ce qu'Alain a acheté
   des tomates?
   des betteraves?
   une salade?
   des petits pois?
   du céleri?
   des pommes de terre?
   des oeufs?
   du fromage?
   du yaourt?

   des baguettes?
   des mille-feuilles?
   des brioches?
   du jambon?
   du saucisson?

2 Combien il en a acheté?

3 Combien a-t-il payé
   au marché?
   à l'épicerie?
   à la boulangerie?
   à la charcuterie?

Dialogues

À la boulangerie-pâtisserie

Mme Guichard: – Bonjour, madame. Une flûte, s'il vous plaît, et deux ficelles.

Vendeuse: – Je regrette, madame, je n'ai plus de ficelles. Des petits pains, peut-être?

Mme Guichard: – D'accord. Quatre petits pains et un pain de campagne.

Vendeuse: – Voilà, madame. C'est tout?

Mme Guichard: – Non, je voudrais aussi une tarte aux pommes, s'il vous plaît.

Vendeuse: – Voilà. Au revoir, madame.

Mme Guichard: – Merci. Au revoir, madame.

À la charcuterie

Mme Guichard:	– Bonjour, monsieur. Je voudrais du pâté, s'il vous plaît.
Vendeur:	– Oui, madame. Lequel? Il y en a plusieurs.
Mme Guichard:	– Je prendrai deux cent cinquante grammes de celui-là.
Vendeur:	– D'accord. Et avec ça?
Mme Guichard:	– Je voudrais aussi une quiche.
Vendeur:	– Grande ou petite?
Mme Guichard:	– Celle-là est trop grande. Je prendrai celle-ci. Et vous avez des pizzas?
Vendeur:	– Malheureusement pas, madame. Elles sont finies.
Mme Guichard:	– Alors, je prendrai 500 g de ce saucisson-là. C'est tout, merci.
Vendeur:	– Voilà, madame. Ça fait cinquante-trois francs trente . . . Merci, et voilà votre monnaie, madame.
Mme Guichard:	– Merci. Au revoir, monsieur.

Chez le marchand de légumes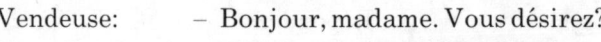

Vendeuse:	– Bonjour, madame. Vous désirez?
Mme Guichard:	– Un kilo de poires, s'il vous plaît.
Vendeuse:	– Et avec ça, madame?
Mme Guichard:	– Une livre de pommes.
Vendeuse:	– Lesquelles, madame? Les rouges ou les vertes?
Mme Guichard:	– Euh . . . les plus petites . . . les vertes. Est-ce que les pêches sont mûres?
Vendeuse:	– Très mûres, madame. Elles sont très bonnes. Vous voulez les goûter?
Mme Guichard:	– Non, merci. J'en prendrai une livre, et un kilo de raisin noir.
Vendeuse:	– Voilà, madame. C'est tout?
Mme Guichard:	– Oui, c'est tout, merci. C'est combien?
Vendeuse:	– Alors, ça fait trente-deux francs soixante.

À l'alimentation générale

Mme Guichard:	– Bonjour, monsieur. Je ne trouve pas de yaourt. Vous en avez?
Vendeur:	– Mais oui, madame. Dans le réfrigérateur. Regardez, vous avez beaucoup de parfums. Lequel est-ce que vous désirez?
Mme Guichard:	– Nature. J'en prendrai deux grands s'il vous plaît.
Vendeur:	– Autre chose?

Mme Guichard: – C'est tout, merci. Ah non, je veux aussi des biscuits. Je vais prendre un paquet de ceux-ci et un de . . . ceux-ci. Voilà.

Vendeur: – Bien, madame. Voulez-vous payer à la caisse, s'il vous plaît?

Caissière: – Ça fait soixante-trois francs soixante-dix, madame. Il vous faut un sac en plastique?

Mme Guichard: – Oui, merci, mademoiselle.

Vous avez tout compris?

La liste de Mme Guichard

Copiez la liste de Mme Guichard et indiquez ce qu'elle a acheté, combien elle en a acheté et combien elle a payé dans chaque magasin.

Boulangerie
Flûtes
Ficelles
Petits pains
Pain de campagne
Tarte aux pommes

Charcuterie
Pâté
Quiche
Pizzas
Saucisson

Marchand de légumes
Poires
Pommes
Pêches
Raisin

Epicerie
Provisions
Yaourt
Biscuits

Dans le magasin de cadeaux et souvenirs

Gérard: – Bonjour, madame. Je cherche quelque chose pour un garçon de quinze ans et pour une fille de quatorze ans.

Vendeuse: – Est-ce que la fille aime les bijoux?

Gérard: – Oui, je crois.

Vendeuse: – De très jolies petites montres, des bracelets, des colliers . . .

Gérard: – C'est combien les colliers?

Vendeuse: – Celui-ci coûte quatre-vingt-dix francs, celui-là . . .

Gérard: – C'est trop cher, malheureusement. Et ces ceintures-ci, elles coûtent combien?

Vendeuse: – Les ceintures pour femmes, trente-trois francs cinquante, les ceintures pour hommes, trente-huit trente.

Gérard: – Bon. Je prends une de chaque. Voilà.

Vendeuse: – C'est pour offrir? Je vous les enveloppe?

Gérard: – C'est gentil, merci.

Vous avez tout compris?

Indiquez les faits suivants sur les cadeaux de Gérard:
1 L'âge de la fille à qui il va offrir un cadeau
2 Et l'âge du garçon
3 Les propositions de la vendeuse
4 Le prix des colliers
5 Ce que choisit enfin Gérard
6 Combien il paye chaque cadeau

À l'hypermarché

M. Mathieu: – Pardon, mademoiselle. Je cherche du papier et des bics pour les enfants. Où est-ce que je peux en trouver?

Vendeuse: – Au rayon de papeterie, monsieur, là, à droite.

M. Mathieu: – Et les shampooing, s'il vous plaît?

Vendeuse: – Au rayon de savonnerie, monsieur, en face, au fond.

M. Mathieu: – Merci. Est-ce qu'on accepte les chèques et les cartes de crédit ici?

Vendeuse: – Bien sûr, monsieur.

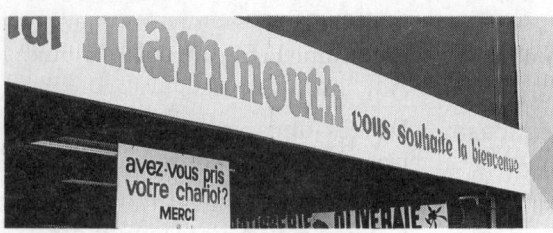

Vous avez tout compris?

Indiquez:
1 Ce que M. Mathieu veut acheter
2 Où il peut trouver ces objets
3 Comment il veut payer

Au grand magasin

Catherine: – Pardon, monsieur. Où se trouve le rayon de la mode pour femmes?

Employé: – Au premier étage, mademoiselle. Et la boutique 'Jeune Femme' se trouve au deuxième . . .

Catherine: – Je peux essayer ce blouson en cuir, madame?

Vendeuse: – Bien sûr, mademoiselle. Allez-y.

Catherine: – Il est beau, mais un peu trop foncé.

Vendeuse: – Celui-ci est plus clair, mademoiselle.

Catherine: – Oui, ça va mieux. Mais c'est aussi plus cher, n'est-ce pas?

Vendeuse: – Oui, un peu; mais c'est très chic.

Catherine: – Bon. Je le prends.

Vendeuse: – Voilà, mademoiselle. Il faut payer à la caisse, s'il vous plaît.

Catherine: – Merci. Au revoir, madame.

Vous avez tout compris?

Répondez:
1 À quel étage se trouve le rayon de la mode pour femmes?
2 Et la boutique 'Jeune Femme'?
3 Catherine achète un blouson. Quels sont ses avantages? Et ses inconvénients?
4 Où est-ce qu'elle le paye?

Résumé

Est-ce que vous avez	du beurre?	Oui, bien sûr
		Combien en voulez-vous?
		Non, il n'y en a plus
Je voudrais	de la limonade	Je regrette, je n'en ai pas
	des oeufs	
J'en voudrais	un kilo	
J'en prendrai	cinq cent grammes	
	deux paquets	
	un litre	
	trois boîtes	
	quatre tranches	

C'est tout?

Et avec ça?

C'est combien le yaourt?

Ça fait combien? Ça fait   quarante-deux francs

                                  soixante-quinze francs

                    Vous payez à la caisse

Où se trouve le rayon des disques?   Là-bas, à gauche

                                     Au fond, à droite

                                     Au premier   étage

                                         deuxième

Je prendrai   celui-ci   C'est pour offrir?

Je préfère   celui-là   Je vous l'enveloppe?

                   celle-ci

                   celle-là

                   ce collier-ci

                   cette ceinture-ci

C'est trop   cher?

Avez-vous quelque chose de moins

C'est trop   grand(e)

                  petit(e)

                  long(ue)

                  court(e)

Activités

Deux à deux (1)   *(See page 126)*

C'est combien?

A

You are the customer in a *charcuterie*. Your partner is the shop assistant, who has a price-list. Buy the items on your shopping-list and agree about the prices.

Now you are the shop-assistant and your partner is the customer. Serve your partner and tell him or her the prices. Your price-list is different from that of your partner.

> Charcuterie
>
> Saucisse ½ k
> Salami   250 g.
> Pâté   1 k
> Rôti de porc 8 tranches.

Liste des prix

Saucisse	40F le kg
Jambon	44F le kg
Quiche – grande	33F 50 la pièce
– petite	26F 80 la pièce
Tomates farcies	7F 75 la pièce
Salami	24F le kg
Boudin	12F le kg
Pâté de foie	23F 30 le kg
Rôti de porc	13F 80 les 4 tranches
Chipolata porc	24F 50 le kg

À l'alimentation générale

Les mots qui manquent

Find the missing words from this dialogue. They are all in the list below. Write out the completed dialogue and practise it with your partner.

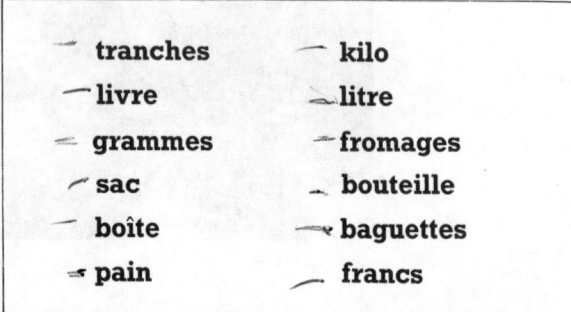

tranches	kilo
livre	litre
grammes	fromages
sac	bouteille
boîte	baguettes
pain	francs

M. Leclerc: – Bonjour, madame. Vous avez du . . . . . ?

Mme Normand: – Oui, monsieur, des flûtes et des . . . . . .

M. Leclerc: – Donnez-moi deux baguettes, s'il vous plaît, et trois . . . . . de jambon. Où sont les . . . . . ?

Mme Normand: – Au fond à gauche. Je vous sers?

M. Leclerc: – Oui, merci. Je voudrais 250 . . . . . de Camembert, et 500 grammes d'Emmenthal.

Mme Normand: – Et avec ça?

M. Leclerc: – Une . . . . . de sardines et une . . . . . de coca-cola.

Mme Normand: – La petite ou la bouteille d'un . . . . . ?

M. Leclerc: – Deux petites, s'il vous plaît. Et je voudrais aussi des fruits. Un . . . . . de pommes et une . . . . . de pêches.

Mme Normand: – Voilà, monsieur. Vous désirez un . . . . . ?

M. Leclerc: – Non, merci. J'en ai déjà un. C'est combien?

Mme Normand: – Ça fait cent quinze . . . . . soixante-dix.

Deux à deux (1) (See page 125)

C'est combien?

B

You are a shop-assistant in a *charcuterie*. Your partner is the customer. Serve your partner and tell him or her the prices.

Liste des prix	
Saucisse	38F le kg
Jambon	43F 50 le kg
Quiche – grande	30F la pièce
– petite	22F 50 la pièce
Tomates farcies	7F 50 la pièce
Tête roulée	18F le kg
Salami	18F le kg
Boudin	11F 50 le kg
Pâté de foie	24F le kg
Rôti de porc	3F 50 la tranche

Now you are the customer and your partner is the shop-assistant with a price-list. Buy the items on your shopping-list and agree about the prices. Your partner's price-list is different from yours.

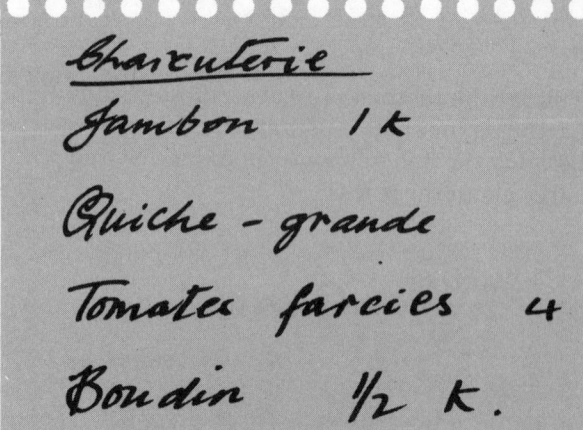

Charcuterie
Jambon   1 k
Quiche – grande
Tomates farcies   4
Boudin   ½ k.

Au marché

Les pictogrammes

Replace each picture with the word it represents, then practise the dialogue with your partner.

– Bonjour  Vous désirez?
– Bonjour   Je voudrais deux   d'abricots, s il vous plaît.
– Voilà. Et avec ça?
– Un kilo de   Est-ce que les   sont mûres?
– Oui, elles sont très bonnes aujourd'hui.
– Alors, donnez-m'en un   6 .
– Vous avez du   7 ?
– Lequel vous désirez – blanc ou   8?
– Le noir s'il vous plaît. Et, enfin, un   9 .

Write your own conversation with different pictures. Give it to your partner, who must replace the pictures with the appropriate words.

Deux à deux (2)   (See page 128)

Les cadeaux

A

You want to buy some presents before going back home. You have made a list of possible presents, but you only have 50 francs to spend. Your partner has a list of prices. Ask your partner the prices and decide which two gifts you can afford and would prefer to buy.

Stylo à bille
Livre sur la région
Livre de poche
Bloc – note
Poupée miniature
Canif
Porte – clefs
Chocolats

LE PAYS OU LA VIE EST MOINS CHERE.

Compare the prices in these two hypermarkets. Decide where you can buy each of the items more cheaply. Write down your conclusion.

Example: Les gants sont moins chers chez Colosse.

	LEFEBRE	COLOSSE
Gants	150	133
Pulls	194	199
Ceintures	83	88
Pantalons	255	247
Écharpes	69	74
Tee-shirts	55	60
Chapeaux	74	71
Vestes	420	402

Deux à deux (2) (*See page 127*)

Les cadeaux

B

Your partner wants to buy two presents, but can only spend 50 francs. You have a list of prices. Help your partner to decide which two presents to buy.

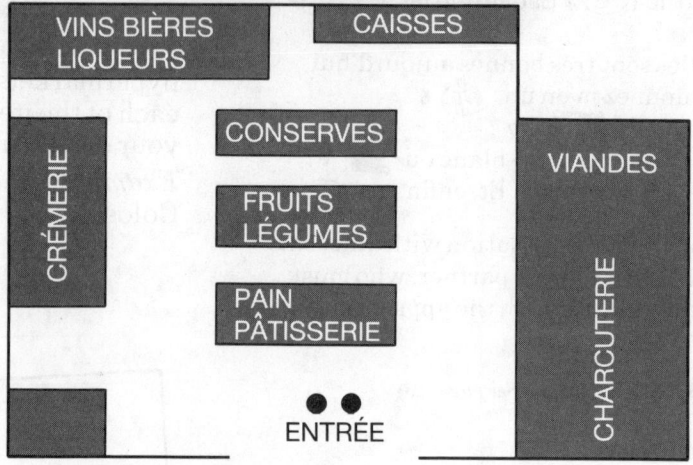

Prix	
Poupée miniature	38F 50
Canif	29F 75
Stylo à bille	23F 50
Porte-clefs	21F
Livre de poche	23F 50
Livre sur la région	26F
Chocolats	9F 40 les 200 g
Bloc-note	11F 50

Au supermarché

Où se trouve . . . ?

With the help of this plan of 'Super H' supermarket, complete this dialogue between a (not very intelligent) customer and a shop-assistant, who are standing at the entrance. If necessary, consult the words at the end of the dialogue.

VINS BIÈRES LIQUEURS · CAISSES · CRÉMERIE · CONSERVES · FRUITS LÉGUMES · VIANDES · PAIN PÂTISSERIE · CHARCUTERIE · ENTRÉE

Escalier au premier étage
CADEAUX: VÊTEMENTS POUR FEMMES ET HOMMES

Client:	– Pardon, mademoiselle. Où se trouvent les oeufs, s'il vous plaît?
Employée:	– À la crémerie, monsieur, ...
Client:	– Et vous avez du pain?
Employée:	– Juste . . . . . .
Client:	– Je voudrais aussi du bifteck et du saucisson.
Employée:	– Alors, vous avez les viandes et la charcuterie à . . . . . , monsieur. Les viandes sont . . . . . la charcuterie.
Client:	– Est-ce que vous vendez des vêtements?
Employée:	– Oui, monsieur, au . . . . . L'escalier se trouve . . . . . .
Client:	– Et où se trouvent les conserves?
Employée:	– Au fond, monsieur, ... les caisses.
Client:	– Et pour avoir de la bière?
Employée:	– Au fond à gauche, monsieur, ...
Client:	– Merci beaucoup, mademoiselle.
Employée:	– Je vous en prie, monsieur.

juste à côté, premier étage, en face, dans le coin, droite, après, à gauche, devant

Exercices

Je regrette . . .

Répondez comme dans l'exemple:
Exemple: Vous avez des chaussures?

Non, je regrette, nous n'en avons pas. Mais nous avons des sandales.

1 Vous avez des gâteaux?

2 Vous avez des flûtes?

3 Vous avez du vin blanc?

4 Vous avez des bics?

5 Vous avez des oranges?

Combien vous en voulez?

Répondez comme dans l'exemple:
Exemple: Combien de fromage voulez-vous? (250 g)
J'en veux deux cent cinquante grammes.

1 Combien de chocolats voulez-vous? (250 g)
2 Combien d'abricots voulez-vous? (1 kg)
3 Combien de jambon voulez-vous? (6)
4 Combien de vin voulez-vous? (2 l)
5 Combien de pommes de terre voulez-vous? (2 kg)
6 Combien de raisin voulez-vous? ($\frac{1}{2}$ kg)

Vrai ou faux

1 Le Royaume-Uni est plus grand que la France.
2 La matière la plus intéressante, c'est l'anglais.
3 En France, les légumes sont moins chers
4 Calais est plus loin de Paris que Manchester.
5 Les langues étrangères sont aussi importantes que les sciences.
6 Les filles s'intéressent plus à la littérature que les garçons.
7 Les États-Unis, c'est la nation la plus puissante du monde.
8 Le vin est meilleur que la bière.
9 Newcastle United est la meilleure équipe de football de l'Angleterre.
10 On mange mieux en France qu'en Angleterre.

Plus ou moins

Look at the statistics and complete the statements:

	Âge	Poids	Taille
André	13 ans	50 kg	1 m 56
Simon	14 ans	48 kg	1 m 52
Jacques	15 ans	53 kg	1 m 58

1 André est . . . . . jeune . . . . . Simon.
2 Simon est . . . . . jeune . . . . . Jacques et . . . . . lourd . . . . . André.
3 Simon est . . . . . grand . . . . . André et . . . . . lourd . . . . . lui.
4 Jacques est . . . . . grand . . . . . Simon et . . . . . André.
5 André est . . . . . grand . . . . Simon, mais . . . . . grand . . . . . Jacques.
6 André est . . . . jeune des trois.
7 Simon est . . . . lourd des trois.
8 Jacques est . . . . grand des trois.

Allons-y

Complete the answers to these questions using the pronoun *y* (see *Grammaire* p. 133):

1 Allez-vous souvent au cinéma? Oui, ...
2 Tu aimes aller à la disco? Oui, ...
3 À quelle heure est-ce que le train arrive à Toulouse? Il . . . . . à dix heures.
4 Est-ce que tu vas au concert ce soir? Non, ...

Entendu

C'est combien?

Listen to these short dialogues and, after each one, write down the letter which corresponds to the price you hear:

a) 63 F 75   d) 35 F
b) 43 F 15   e) 150 F 30
c) 8 F 96   f) 52 F 60

Now, write in figures the prices that you hear.

La bonne réponse

Cherchez la bonne réponse pour chaque phrase:

1 Combien d'oeufs voulez-vous?

2 Je vous l'enveloppe?

3 Vous avez de la monnaie?

4 Vous préférez lesquels?

5 Vous patientez un moment?

6 Il n'y a plus de baguettes.

7 Vous aimez ces poupées-ci?

8 Vous désirez?

a) Oui, j'en ai plein.

b) Ceux-ci, s'il vous plaît.

c) Non, je préfère celles-là.

d) Donnez m'en deux douzaines, s'il vous plaît.

e) Est-ce que vous avez des espadrilles?

f) Alors, je prends un pain de campagne.

g) Bien sûr, je ne suis pas pressé.

h) Oui, merci. C'est gentil.

La qualité de la vie

Michel has just returned from a holiday on the Riviera. He is talking to his friend, Dominique, about his impressions. Listen to their conversation and indicate with a plus (+) or a minus (−) sign, what he thought of the following:

Quality of products	
Price of clothes	
Price of foods	
Number of cafés	
Opening hours of shops	

Lecture

Ça veut dire?

Look at these pictures and give the information required by a friend who doesn't understand French:

1

How much do the ice-creams cost?
What are the best flavours?

2

LUNDI	9 30 - 12 00	14 00 - 19 15
MARDI	9 30 - 12 00	14 00 - 19 15
MERCREDI	9 30 - 12 00	14 00 - 19 15
JEUDI	9 30 - 12 00	14 00 - 19 15
VENDREDI	9 30 - 12 00	14 00 - 19 15
SAMEDI	9 30 - 12 00	14 00 - 19 15

How many days a week do they open?
What's the earliest we can come?
What's the latest?

3

SOLDE
BLOUSONS −50%
PANTALONS } −30%
VESTES
COSTUMES
CHEMISES } −30%
POLOS

What is on sale here?
What sort of reductions are there?

CROISSANTS
IDEAL CONGELATEUR
18ᶠ LES 20
14ᶠ LES 15
10ᶠ LES 10
1ᶠ20 PIÈCE

PAIN DE CAMPAGNE AU LEVAIN
12ᶠ50 PIÈCE
1ᵏ200   10ᶠ40 LE Kg

What's special about the bread here?
How much are the croissants?
How much do I save by buying 15 croissants?

5

Avant fermeture

LIQUIDATION TOTALE

Autorisation municipale selon la loi du 30/12/1906

Accordée à la

boutique **REGINE LOUBENS**
R.C. 630.802.577

12, rue de la Pomme
TOULOUSE
Tél. 21.02.97

Mise en vente immédiate

sans surseoir sous processus d'urgence

des collections ETE 84 de grandes griffes de prêt-à-porter féminin

Ouverture des portes mercredi 6 juin 1984, à 9 heures
et jours suivants jusqu'au 6 juillet 1984 inclus

APERÇU DES PRIX LIQUIDES

(T. 36 au 48)	Valeur	Liquidé		Valeur	Liquidé
Vestes	794	**397**	Pantalons ..	599	**299**
Tailleurs	1487	**743**	Pulls	420	**210**
Robes	799	**399**	Echarpes ...	223	**111**
Jupes	575	**287**	Ceintures ..	223	**111**
Chemisiers	387	**194**	Gants	364	**182**
			Chapeaux ..	129	**64**

ATTENTION : La vente ne peut être garantie que dans la limite des inventaires
déposés et pourra être close sans préavis

Ouvert de 9 heures à 13 heures et de 14 heures à 19 heures

ENTREE LIBRE

What sort of sale is this?
How long is it on for?
Is the shop open at lunch times?
What garments can be bought for less than 200F?

Du verre, rien que du verre

When you have read these notes about glass
bottles and containers, explain to a friend in
English what you need to know about what to do
with them. You can say or write the information.

1 Quand vous achetez, par exemple, une
   bouteille de limonade, vous payez la
   'consigne', c'est-à-dire, la bouteille. Cherchez
   le mot 'consigne' sur l'étiquette.

2 Aux magasins et aux supermarchés, vous
   pouvez rapporter vos bouteilles vides et on
   vous rend la consigne (Attention! Il s'agit
   souvent de quelques francs).

131

3 Quelques supermarchés ont un rayon spécial où vous rapportez vos bouteilles. Là, on vous donne un ticket qui indique la somme qu'on vous remboursera à la caisse.

4 Les bouteilles non consignées n'ont pas de valeur. Enfin, pas pour vous. Mais si vous vous intéressez à l'écologie, cherchez un conteneur pour récupérer et recycler les bouteilles.

5 Vous trouverez ces conteneurs devant les supermarchés, dans les parkings, sur les places – ils ne sont pas difficiles à trouver.

6 Deux choses à ne pas faire: (a) ne jamais jeter de bouteilles dans les rues, à la campagne, ou par la fenêtre d'un train ou d'une voiture, (b) ne jeter que du verre dans les conteneurs prévus à cet effet.

'Du verre, rien que du verre'

Amitiés de vacances

Read this letter written by Virginie to a magazine for young people. From the list that follows, select those comments and pieces of advice which seem most appropriate.

Comments and advice:

Virginie is, herself, very stereotyped

She is probably not telling the whole truth

The boys were not very nice

They were right to get up and go away

Virginie spoke too soon

The girls should have waited and let the boys speak first

The beach is not a good place for making friends

Don't be discouraged, Virginie. Carry on trying to make friends with boys

Change tactics. Go for boys on their own

J'ai lu dans le numéro du mois de juin que le rôle des garçons et des filles est trop 'stéréotypé' – c'est-à-dire que ce sont toujours les garçons qui chassent les filles.

Alors avec deux copines nous avons décidé de suivre vos conseils: ne pas 'chasser' les garçons mais 'nous faire des copains de vacances'. Mais quelle débâcle.

Nous voilà sur la plage, trois jeunes filles, 16, 16 et 17 ans, assez jolies. Pas loin de nous, trois garçons à l'air assez sympa. Quand ils ont regardé dans notre direction, j'ai souri et je leur ai dit 'Salut', pas plus. Ils nous ont regardées d'un air dégoûté, ils se sont levés et ils sont partis en se disant: 'Ces filles, elles ne viennent à la plage que pour chercher des mecs. C'est dégoûtant.'

C'est difficile à croire, et j'ai des difficultés à le comprendre, car nous ne voulions que faire leur connaissance et former une bande pour les vacances. Qu'est-ce qu'une fille peut donc faire pour se lier d'amitié avec des garçons?

Virginie.

Grammaire

Comparing things

If you want to compare things that are equal, use *aussi* with *que*:

Le sport est **aussi important que** les études
Sport is just as important as studying

Mon frère est presque **aussi grand que** moi
My brother is almost as tall as I am

Sa moto roule **aussi vite qu'**une voiture
His motorbike goes as fast as a car

If you want to compare things that are unequal, use *plus* or *moins que*:

Les gants sont **plus chers que** les ceintures
The gloves are more expensive than the belts

La France est **plus grande que** l'Angleterre
France is bigger than England

La radio est beaucoup **moins intéressante que** la télévision
Radio is much less interesting than television

Ce collier-ci est un peu **moins cher que** celui-là
This necklace is a little less expensive than that one

There is a special word for 'better' as an adjective and another one for 'better' as an adverb:

Cette année, les résultats sont **meilleurs** que l'année dernière
The results this year are better than last year ('better' is an adjective describing the noun 'results')

Je travaille **mieux** chez moi qu'au collège
I work better at home than at school ('better' is an adverb describing the act of working)

If you want to express the idea of 'most' or 'least', use *le, la* or *les* in front of *plus* or *moins*:

L'Everest est **la plus haute** montagne du monde
Everest is the highest mountain in the world

Aujourd'hui, les oranges sont les fruits **les moins chers**
Oranges are the cheapest fruit today

Je suis **le meilleur** joueur de tennis de mon collège
I am the best tennis player in my school

C'est avant le petit déjeuner qu'on nage **le mieux**
You swim best before breakfast

Pointing things out

If you refer to things by their name, use *ce . . . -ci/là*, etc.:

Ce melon-là n'est pas mûr
That melon is not ripe

Ces pêches-ci sont délicieuses, madame
These peaches are delicious, madam

If you do not use their name, use *celui-ci/là*, etc.:

Quelles pommes vous désirez? **Celles-ci** ou **celles-là**?
Which apples do you want? These or those?

Il y a deux modèles: **celui-ci** est moins cher que **celui-là**
There are two models: this one is cheaper than that one

You will find the full list of these demonstrative pronouns in the Grammar reference on p. 149.

Using *en*

This useful little word, which literally means 'of it' or 'of them', is very common in French:

Du sucre, monsieur? Combien **en** voulez-vous?
Sugar? How much would you like?

J'ai demandé un kilo de bananes et vous m'**en** avez donné deux
I asked for a kilo of sugar and you gave me two

Notice that there is no equivalent word in the English version.

Using *y*

The usual meaning of *y* is 'there'. Like other pronouns it normally comes before the verb:

J'**y** vais souvent *I go there often*

Le train **y** arrive à trois heures
The train arrives (there) at 3 o'clock

Il **y** est allé vendredi *He went there on Friday*

Vocabulaire

Les magasins

une alimentation (générale) *grocery store*
une boucherie *butcher's*
une boulangerie *baker's*
une charcuterie *pork butcher's*
une épicerie *grocer's*
une grande surface *shopping centre*
un hypermarché *hypermarket*
une librairie *bookshop*
un marché *market*
une papeterie *stationery shop*
une pâtisserie *cake shop*
une pharmacie *chemist's*
une poissonerie *fish shop*
un tabac *tobacco shop*

Mots utiles

fermeture *closing (times)*
ouverture *opening (times)*
un rabais *reduction*
une réduction *reduction*
soldes *sales*

Les cadeaux

un bracelet *bracelet*
un canif *penknife*
une carte *card, map*
une ceinture *belt*
un cendrier *ash-tray*
un collier *necklace*
un porte-clefs *key-ring*
un poster *poster*
une poupée *doll*

133

Un peu plus de tout

Parlez!

Rôles

Work out what you would say in each of the following situations. The responses are given in French. Practise each situation as a dialogue with your partner.

A Whilst travelling by car in France, you stop at a service-station:

Say you would like 25 litres of 4 star petrol
(Oui, monsieur/mademoiselle. Voilà)
Ask the attendant to check the water
(Oui. Ça va, monsieur/mademoiselle)
Ask how much you owe
(Cent quarante-cinq francs, monsieur/mademoiselle)
Give the attendant 150 francs and tell him/her to keep the change

B You arrive at a campsite:

Greet the warden and ask if there is room for a small tent
(Pour une tente, oui. Vous n'avez pas de voiture?)
Say no, you travelled by bus
(Bien. Et vous restez combien de nuits?)
Say you're not sure. Two or three

C You arrive at a youth hostel:

Greet the warden, say who you are and that you have reserved two beds
(Oui, voilà. Vous êtes ici pour le weekend?)
Say yes, and ask if you can hire sheets
(Oui, monsieur/mademoiselle. Neuf francs la paire)
Ask what time breakfast is
(À huit heures précises)

D You go to the *bureau des objets trouvés* to report a loss:

Say you have lost your raincoat
(Quand l'avez-vous perdu?)
Say this morning, you think
(Voulez-vous décrire votre imperméable?)
Say it's dark blue plastic
(Je regrette, votre imperméable n'est pas là)

E You go into a grocer's shop to buy some food for a picnic:

(Bonjour, monsieur/mademoiselle. Vous désirez?)
Ask for a bottle of lemonade
(Grande ou petite, monsieur/mademoiselle?)
Say you'll have the large one and ask if he/she has any bread
(Ah, non. Pour ça il faut aller à la boulangerie)
Say all right and ask how much you owe

F You go into a gift shop to choose a present:
Say you are looking for something for a boy of sixteen
(Oui. Un tee-shirt peut-être ou une ceinture?)
Say you like this tee-shirt and ask if they have it in blue
(Oui, monsieur/mademoiselle. Taille moyenne, ça va?)
Say yes, that will do and ask how much it is

Répondez

Find out all you can about your partner or your teacher. Here are five questions that you can ask, but write another three of your own before you begin:

1 Comment t'appelles-tu?/Comment vous appelez-vous?
2 Ça s'écrit comment?
3 Combien de personnes y a-t-il dans ta/votre famille?
4 Où habites-tu/habitez-vous exactement?
5 Qu'est-ce tu aimes/vous aimez manger?

Mon emploi du temps

Make up what, for you, would be the ideal school timetable. You must include the full range of subjects, but you can have the lessons when you like and as often as you like. When you and your partner have finished the timetable, find out what he or she is doing at any particular time, and whether he or she likes it.
Here are the names of most of your school subjects in French:

l'anglais	le français
l'espagnol	l'allemand
l'histoire	la géographie
les maths	les sciences
la physique	la chimie
la biologie	le travail manuel
la cuisine	la couture
la musique	le dessin
l'informatique	la gymnastique
le sport	

Ask questions such as:
Tu as quel cours le lundi à dix heures?
Quel est le deuxième cours le jeudi?
Combien de cours de maths as-tu par semaine?

Écoutez!

Où sont-ils?

Listen to these utterances and identify where they take place. Choose your answer from the four suggestions:

1 a) À la gare SNCF
   b) À la gare routière
   c) Au collège
   d) Au café

2 a) Au restaurant
   b) Au café
   c) Au collège
   d) À l'hôtel

3 a) À la gare routière
   b) À l'alimentation générale
   c) À la charcuterie
   d) À table

4 a) Au bureau des renseignements
   b) Au bureau des objets trouvés
   c) Au supermarché
   d) Au rayon des vêtements pour dames

5 a) À l'auberge de jeunesse
   b) Au restaurant
   c) Dans un grand magasin
   d) Au camping

6 a) À la station-service
   b) À l'épicerie
   c) À la gare
   d) À la pharmacie

7 a) Au garage
   b) À la gare routière
   c) Á l'aéroport
   d) À la gare SNCF

8 a) Au rayon des vêtements pour dames
   b) Au rayon des vêtements pour enfants
   c) Au rayon des vêtements pour hommes
   d) Au rayon des disques

9 a) À la pâtisserie
   b) À la charcuterie
   c) Au café
   d) Au marché

10 a) Au camping
    b) À l'hôtel
    c) À l'auberge de jeunesse
    d) Au restaurant

Entendu dans l'autobus

You hear this conversation in a bus between two girls on their way to school. Listen carefully to what happened, then put these drawings in the correct order.

Two of the more difficult words are given to help you.

seau *bucket*

chiffon *cloth*

Listen again to the conversation then try to tell the story yourself, in French.

Un client distrait

Monsieur Crible is doing some shopping, but he's not doing it very well. Listen to what he says to the shopkeeper, look at his list, and write down what he does wrong and what he forgets:

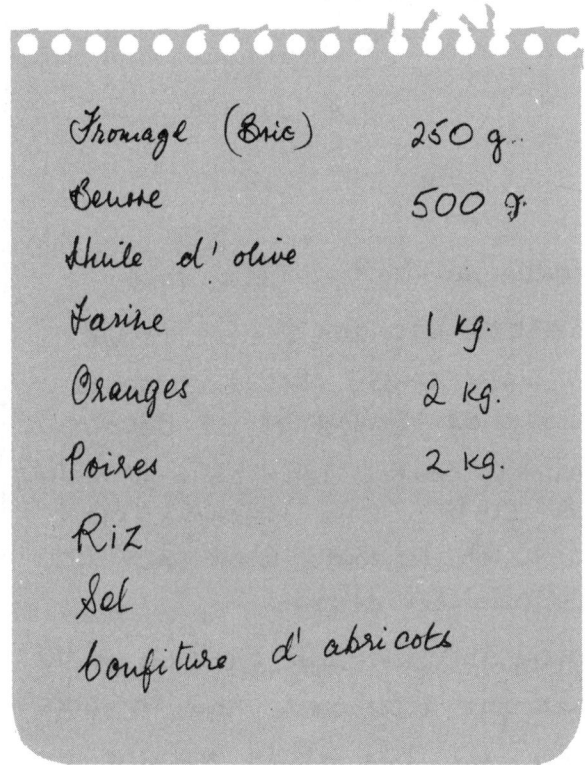

Fromage (Brie)   250 g.
Beurre   500 g.
Huile d'olive
Farine   1 kg.
Oranges   2 kg.
Poires   2 kg.
Riz
Sel
Confiture d'abricots

Psycho-logique

Véronique is very interested in psychology and analysing the characters of her friends. She has written a personality test, which she has called *psycho-logique*. She tries out the test on her friend, Roland, and she also gives her own replies to the questions.

Below are the ten questions of the test. Listen to the conversation and note down the replies, *oui* or *non*, for both Véronique and Roland.

Read the analysis of the results and decide whether Véronique and Roland are *auditif* or *visuel*.

Try out the test on one of your own friends.

1 En regardant la télévision est-ce que vous faites autre chose, comme bavarder, lire, tricoter, par exemple?

2 Est-ce que vous faites des commentaires à haute voix sur ce que vous voyez?

3 Quand vous faites du sport, est-ce que vous aimez le faire tout seul?

4 Si quelqu'un vous explique un chemin à suivre, est-ce qu'il vous faut regarder un plan?

5 Si quelqu'un vous lit une lettre, est-ce qu'il vous faut la voir ensuite?

6 Est-ce que vous considérez que les détails sont importants?

7 Est-ce que vous passez très vite de la pensée à l'action?

8 Est-ce que les situations inconnues vous inquiètent?

9 Si vous avez un problème, est-ce que vous essayez de le résoudre tout de suite?

10 Quand vous vous concentrez sur un travail, êtes-vous capable d'entendre et de comprendre ce qui se passe autour de vous?

Vous avez plus de *non* que de *oui*?
– alors, vous êtes auditif; c'est-à-dire que vous préférez les oreilles aux yeux. En général, vous n'aimez pas les changements rapides; vous préférez réfléchir, penser aux implications de vos actions. Mais après ça, vous n'hésitez pas à faire ce qu'il faut.

Vous avez plus de *oui*?
– vous êtes visuel; vous avez beaucoup d'enthousiasme pour le changement, vous êtes le premier à vous y engager. Mais vous ne réfléchissez pas assez, et vous vous fatiguez très vite. Vous ne réussissez pas souvent à compléter vos projets.

Nom?

Lisez!

Une lettre de Laurence

Read this letter from Laurence to her British penfriend Joanne, then answer the questions:

1 The main topic of this letter is:

a) school
b) finding work
c) free time
d) the weather

St. Quentin
le 3 juin.

Chère Joanne,

Comment vas-tu? Cela fait longtemps que je ne t'ai pas écrit. Ici, la vie et les cours suivent leur cours. Les professeurs nous donnent beaucoup de travail et de devoirs.

Nous avons cours dès 8h15 le matin; nous nous arrêtons à 12h15; nous reprenons vers 2h pour finir à 5 ou 6h le soir. C'est long. Et après, il faut encore faire ses devoirs.

La matière la plus dure c'est les maths. Moi, je suis intéressée par l'économie mais la prof. n'a été présente que six fois et la semaine dernière nous avons eu, enfin, un remplaçant. Pas trop tôt! Mieux vaut tard que jamais!

De temps en temps pendant une heure de perm. je vais me balader dans le parc ou dans les rues de la ville. Parfois, je vais au café avec des amis. Bref, la vie est tous les jours la même et assez ennuyeuse.

Il faut que je te quitte car je vais avoir cours.

Je t'embrasse,

Laurence

se balader
to stroll
perm, permanence
free period

2 What impression does Laurence give in the second sentence?

  a) That she is writing this letter in a hurry
  b) That she hasn't written for some time
  c) That she hasn't heard from Joanne for some time
  d) That letters take her a long time to write

3 What does Laurence think about Maths?

4 The problem with Economics is that:

  a) the teacher does not make it interesting
  b) the teacher has been absent a great deal
  c) they have six lessons a week
  d) it is going to be removed from the timetable

5 Write down two things that Laurence does during her free periods.

6 Laurence has to end the letter because:

  a) she has some shopping to do
  b) she has to catch her bus
  c) she has an appointment at the hairdresser's
  d) she has to go to lessons

Le camping

This is an extract from a brochure for the area of Stella Plage, a popular holiday area on the north coast of France. It lists the campsites in the area and outlines the regulations for campers. Read the *Réglementation* and answer the questions. Some important words are given to help you.

1 The first rule states that:
  a) Regulations are imposed by individual campsite owners.
  b) The campsites come under common rules for camping in France.
  c) Campers must undertake to keep the general rules for camping in France.

2 The second rule outlines the duties of campsite wardens. According to the text, which three of the following are included in his duties?

To allocate sites to campers
To maintain order on the site
To be permanently available to answer queries
To guard the property of campers
To make sure the site is kept clean
To help campers to erect their tents

Le Camping
dans la commune

CAMPING MUNICIPAL**
  1014, boulevard de France, CUCQ   Tél. 94.71.04

CAMPING DE LA FORÊT***
  Boulevard de Berck, STELLA   Tél. 94.75.01

CARAVANING DE FRANCE***
  Boulevard de France, CUCQ   Tél. 94.72.13

CAMPING DU PARC SOLEIL**
  Rue Roger-Salengro, TRÉPIED   Tél. 94.65.29

CAMPING DU BOIS JOLI
  Boulevard de Berck, STELLA   Tél. 94.62.55

RÈGLEMENTATION

1 — Le camping est soumis aux règles générales du camping en France.

2 — Le gardien du camp représente le propriétaire, en permanence. Il est habilité à percevoir les redevances, à prendre toutes mesures pour le maintien de l'ordre, de la propreté et de la discipline. Il fixe pour chaque campeur, l'emplacement qui lui est réservé.

3 — Dès leur arrivée, les campeurs doivent se présenter au Bureau d'Accueil pour y prendre connaissance du règlement du camping (qui est affiché sur le panneau des informations), et déposer entre les mains du gardien, la licence de campeur. Cette licence ne leur sera rendue qu'au départ. Une fiche individuelle, destinée aux statistiques, sera également remplie par chaque campeur et remise au gardien, qui pourra exiger la présentation d'une pièce d'identité officielle pour chaque personne.

3 The third rule explains what campers should do. Can you understand?

Where should campers go as soon as they arrive at the campsite?
Where will they find the list of campsite rules?
When will their camping permits be returned to them?
What might the warden ask each individual camper for?

139

L'HOROSCOPE

BELIER (21-3 au 20-4)
On ne peut dire que vous aurez beaucoup de temps pour vous ennuyer aujourd'hui. Bien au contraire vous n'aurez pas un seul instant à vous et pendant ce temps-là le diable ne vous tentera pas.

TAUREAU (21-4 au 20-5)
Si le cœur vous en dit, vous serez en mesure de renouer de nouvelles relations. Elles porteront rapidement leurs fruits, mais à la condition que vous fassiez quelques efforts d'amabilité.

GEMEAUX (21-5 au 21-6)
Vous allez de toute évidence passer une excellente journée, même si elle est un peu fatiguante. Vous allez pouvoir mettre sur pied des projets d'avenir, et la vie vous semblera plus belle.

CANCER (22-6 au 22-7)
Il serait préférable et de beaucoup que vous preniez vous-même vos responsabilités. Vous avez plus de chance que vous ne le pensez et votre charme fera le reste. Profitez-en.

LION (23-7 au 22-8)
Ne vous mettez pas en tête de sortir seul de toutes les difficultés de la vie. Il faut parfois avoir le courage de demander aide et appui de votre partenaire ou votre conjoint.

VIERGE (23-8 au 22-9)
Ne vous lamentez donc pas, mais au contraire profitez des bons moments de l'existence sans penser à hier, ni à demain. Vous avez le vent en poupe et c'est cela seul qui compte.

BALANCE (23-9 au 22-10)
Votre indépendance s'accommode mal des restrictions ou des concessions que vous êtes actuellement obligé de faire dans votre vie professionnelle et cela perturbe votre vie affective également.

SCORPION (23-10 au 21-11)
Vous savez qu'il n'est jamais trop tard pour faire marche arrière et c'est le meilleur conseil qu'on puisse actuellement vous donner. Vos possibilités sont grandes, mais respectez la règle du jeu.

SAGITTAIRE (22-11 au 20-12)
Des débouchés assez exceptionnels s'offrent à vous, au moment où vous ne vous attendiez plus. Ce n'est pas une raison pour les laisser filer. A vous de savoir si le jeu en vaut la chandelle.

CAPRICORNE (21-12 au 19-1)
Votre optimisme n'est pas toujours au beau fixe, mais actuellement vous avez des idées très nettes et très précises. Ne laissez pas passer la chance puisqu'elle s'offre à vous.

VERSEAU (20-1 au 18-2)
N'hésitez pas éventuellement à vous faire aider des proches de votre famille. On voit parfois mieux de l'extérieur que de l'intérieur et deux avis valent mieux qu'un.

POISSONS (19-2 au 20-3)
On cherchera actuellement par tous les moyens à critiquer votre action. Ne vous laissez pas faire car des chances existent et il serait réellement dommage de ne pas en profiter sur le champ.

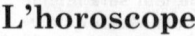

L'horoscope

Everyone likes to read their horoscope. This is one that appeared in a French newspaper. You certainly won't understand every word, but you will probably be able to make some sense of it if you read it carefully. Try to answer these questions:

1 What is the French for the following star signs: Aquarius, Aries, Libra, Pisces?

2 Here are brief summaries of six of the horoscopes. Identify the star sign for each:
   a) Don't try to sort out all life's problems by yourself. Sometimes you must find the courage to ask for help.
   b) You won't have time to get bored today. Quite the reverse, you won't have a moment to yourself.
   c) People will be looking for ways to criticise what you are doing. It will be a pity if you don't take advantage of the opportunities that exist.
   d) An excellent day, if a little tiring. You will be able to set in motion some plans for the future.

3 Choose three of the remaining six signs, and write a brief summary of them in English.

RHUME DES FOINS

L'été arrive, et vous, vous éternuez, larmoyez, mouchez. Sacré rhume des foins ! Laissez dans le tiroir tous les médicaments antigrippes et antirhumes que vous avez utilisés l'hiver dernier : le rhume des foins n'est pas dû à un virus ni à une bactérie. Il est déclenché, entre autres, par le pollen des plantes : votre corps ne le supporte pas, il y est allergique.
Si vous avez juste quelques éternuements le matin, prenez ce petit désagrément en patience, sans rien y faire. Bien sûr, il existe des médicaments, mais ils soulagent sans soigner. De plus, on s'y habitue et on doit en prendre de plus en plus.
Si vraiment ce rhume vous tourmente trop, il va falloir envisager un traitement de désensibilisation au pollen. Ce sera assez long et cela demandera le concours d'un spécialiste allergologue.

Brigitte

(Avec la collaboration du Dr M.-T. Moula.)

Rhume des foins

Read this short article on health in a magazine for young people. What ailment do you think *rhume des foins* is?

Autoroutes

Here is some information about motorways. It describes a special campaign and also some of the regular features of motorway services.

1 Which of these statements most accurately describes the aim of the operation?
   a) To provide more service areas
   b) To make service areas more attractive
   c) To sell more to the motorist
   d) To keep food prices down
   e) To provide a wider range of food

2 Who is taking part in the campaign?
   a) All service areas
   b) All areas showing a certain sign
   c) All areas approved by the ministry
   d) All the larger service areas

3 Identify:
   a) four facilities which must always be available at motorway service areas
   b) two regulations about breakdown services

AUTOROUTES

Durant tout l'été, une opération "Pique-nique" est mise en place sur le thème "Effort volontaire sur la **qualité** et les **prix**" dans les boutiques d'autoroutes.
Dans ces établissements, au moins **15 produits alimentaires courants** sont offerts à un **prix inférieur ou égal** au prix moyen du marché hors autoroutes.
L'emblème ci-dessus vous permet de repérer les aires de service où se situent les boutiques participant à l'opération, emblème que vous retrouverez à l'entrée des boutiques et sur les rayons.
Suivez donc ce repère.

Rappel : 24 h sur 24 tous les établissements sur autoroutes doivent mettre à la disposition de l'usager :
• un appareil téléphonique,
• des toilettes et sanitaires,
• des distributeurs automatiques de boissons
et sur simple demande, un registre d'observations - réclamations - suggestions.

Dépannages

Les tarifs sont conventionnés. Une facture détaillée doit vous être remise.
Vous pouvez adresser vos réclamations à la
Coordination Nationale des Contrôles sur autoroutes
B.P. 201 - 69397 LYON CEDEX 3

Écrivez!

Des cartes postales

Write postcards to your French penfriend, containing the following messages:

1 Thank you for your hospitality.
  You forgot your blue pullover.
  You left it in your bedroom.
  It's not important.

2 You enjoyed yourself very much in Bordeaux.
  You had a good journey.
  You arrived home at midnight.
  Your parents say thank you for the gifts.

Faites une réservation

Write a letter to the Hôtel Terminus, 2 avenue Maréchal Joffre, 11000 Carcassonne, reserving two double rooms with bathrooms for the night of 27 July.

Deux lettres

Choose six of these twelve phrases and rearrange them to write a letter which makes sense. The remaining six should make a second letter. One is a formal letter, the other a friendly one.

Pourriez-vous m'envoyer des renseignements . . .
Écris-moi vite si c'est possible.
J'ai l'intention de visiter Bordeaux du 26 au 30 septembre.
On peut peut-être se rencontrer . . .
Je vous prie d'agréer, Monsieur, . . .
Je compte passer quelques jours chez ma tante à Bordeaux fin septembre.
. . . pour aller au cinéma ou au théâtre?
. . . sur les programmes de cinéma et de théâtre pour cette période.
Ma chère Brigitte,
. . . l'expression de mes sentiments distingués.
Je t'embrasse.
Monsieur,

Amusez-vous!

L'exception

Dans chacune de ces listes, trouvez le mot qui ne va pas avec les autres. Expliquez pourquoi:

1	2	3
bras	restaurant	lundi
bouche	café	mardi
oeil	bar	mercredi
pneu	bistro	juillet
genou	brasserie	vendredi

4	5	6
citron-pressé	pare-brise	table
orangina	vélo	fourchette
chocolat	batterie	couteau
café	roue	cuillère
sandwich	moteur	tasse

Message secret

Can you break the code and read the message?

JY VZXS TYLYPHWNYR CY SWXR Z HVXT HYVRYS

If you succeed, write the following message in reply: Non. Il y a un problème. Attendez-moi au café.

Des proverbes

If you can join up these sentences correctly, you will find six French proverbs. Use your dictionaries to help and try to give the equivalent proverb in English.

Le chat parti,	que guérir
Une hirondelle	pendant qu'il est chaud
Il faut battre le fer	que deux 'tu l'auras'
Mieux vaut prévenir	les souris dansent
Un 'tiens' vaut mieux	devant les boeufs
Mettre la charrue	ne fait pas le printemps

Histoires drôles

Un touriste prend son deuxième repas dans un restaurant. Le garçon pose le plat principal devant lui. Il examine la portion et dit:
– Hier soir la portion était plus grande.
– Sûrement pas, monsieur.
– Mais si. J'étais à cette table au coin sur la terrasse.

– Ah, vous étiez sur la terrasse. Alors, vous avez
raison. Sur la terrasse, les portions sont
toujours plus grandes. C'est pour la publicité.

Comment appelle-t-on une personne qui continue
à parler quand personne ne l'écoute?
– Rien de plus facile. C'est un professeur.

Cherchez les mots

This giant word-square hides
the names of nineteen different
types of shop plus the word for
'street'. See how many you can
find before you consult the list.

The nineteen shops are: bar, boucherie, café, charcuterie,
crémerie, épicerie, fleurs, fruiterie, lingerie, maroquinerie
(leather-shop), parfumerie, pâtisserie, pharmacie, poissonerie,
quincaillerie, rôtisserie, souvenirs, tabac, vêtements.

Of course, the accents will be missing from the words in the
diagram.

Reference material

Reminders

Numbers

1 un, une	41 quarante et un
2 deux	42 quarante-deux, etc.
3 trois	50 cinquante
4 quatre	51 cinquante et un
5 cinq	52 cinquante-deux, etc.
6 six	60 soixante
7 sept	61 soixante et un
8 huit	62 soixante-deux, etc.
9 neuf	70 soixante-dix
10 dix	71 soixante et onze
11 onze	72 soixante-douze, etc.
12 douze	77 soixante-dix-sept, etc.
13 treize	80 quatre-vingts
14 quatorze	81 quatre-vingt-un
15 quinze	82 quatre-vingt-deux, etc.
16 seize	90 quatre-vingt-dix, etc.
17 dix-sept	100 cent
18 dix-huit	101 cent un, etc.
19 dix-neuf	119 cent dix-neuf, etc.
20 vingt	200 deux cents
21 vingt et un	201 deux cent un
22 vingt-deux, etc.	999 neuf cent quatre-vingt-dix-neuf
30 trente	
31 trente et un	1,000 mille
32 trente-deux, etc.	2,000 deux mille
40 quarante	200,000 deux cent mille
	1,000,000 un million

premier, première *first*　deuxième *second*　troisième *third*, etc.

Days

lundi *Monday*	jeudi *Thursday*
mardi *Tuesday*	vendredi *Friday*
mercredi *Wednesday*	samedi *Saturday*
	dimanche *Sunday*

Months

janvier *January*	juillet *July*
février *February*	août *August*
mars *March*	septembre *September*
avril *April*	octobre *October*
mai *May*	novembre *November*
juin *June*	décembre *December*

Always begin days and months with a small letter, except at the beginning of a sentence.

Note: On Saturday Le samedi *or* samedi
Every Thursday Tous les jeudis
In January En janvier *or* au mois de janvier

Seasons

Spring *le printemps*	In spring *Au printemps*
Summer *l'été*	In summer *En été*
Autumn *l'automne*	In autumn *En automne*
Winter *l'hiver*	In winter *En hiver*

Dates

Le premier janvier *January 1st*
Le 22 février *February 22nd*
Mercredi 13 juillet *Wednesday July 13th*
mille neuf cent quatre-vingt-six *1986*
dix-neuf cent quatre-vingt-six *1986*

Weather

Il { pleut / neige / gèle } It's { *raining* / *snowing* / *freezing* }

Il fait { beau / mauvais / chaud / froid } It's { *fine* / *bad weather* / *warm, hot* / *cold* }

Il fait ⎱ du soleil   It's ⎱ sunny
Il y a ⎰ du vent   ⎰ windy
         du brouillard   foggy

Le temps *The weather*
Quel temps fait-il? *What's the weather like?*

Time

Il est une heure *It is 1 o'clock*
À une heure *At 1 o'clock*
Vers une heure *(At) about 1 o'clock*
midi *12 o'clock, noon*
minuit *12 o'clock, midnight*
une heure cinq *1.05*
deux heures dix *2.10*
trois heures et quart *3.15*
quatre heures vingt *4.20*
cinq heures vingt-cinq *5.25*
six heures et demie *6.30*
midi (minuit) et demi *12.30*
sept heures moins vingt-cinq *6.35*
huit heures moins vingt *7.40*
neuf heures moins le quart *8.45*
dix heures moins dix *9.50*
onze heures moins cinq *10.55*

24 hour clock

treize heures *13.00*
quatorze heures quinze *14.15*
quinze heures trente *15.30*
seize heures quarante-cinq *16.45*

Colours

rouge *red*   gris *grey*
bleu *blue*   brun *brown*
jaune *yellow*   marron *brown*
vert *green*   bleu marine *navy blue*
rose *pink*   blanc *white*
orange *orange*   noir *black*

Parts of the body

le corps *body*   la gorge *throat*
la tête *head*   le cou *neck*
le visage *face*   l'épaule *shoulder*

les cheveux *hair*   le dos *back*
les yeux *eyes*   le bras *arm*
le nez *nose*   la main *hand*
la bouche *mouth*   le doigt *finger*
les dents *teeth*   le pouce *thumb*
l'oreille *ear*   le coude *elbow*
le ventre *stomach* le poignet *wrist*
le genou *knee*
la jambe *leg*
le pied *foot*
la cheville *ankle*

Grammar reference

1 Nouns

Masculine and feminine

All nouns are either masculine or feminine.
Some nouns which refer to people can be either
masculine or feminine, depending on the sex of
the person:
un enfant, une enfant
un élève, une élève
un professeur, une professeur
un touriste, une touriste

Other nouns which refer to people have a
feminine form similar to the masculine.
For most, simply add an -*e*:
un ami, une amie
un client, une cliente
un employé, une employée

For those ending in -*er*, change the ending to -*ère*:
un boulanger, une boulangère

For those ending in -*n*, change this to -*nne*:
un Parisien, une Parisienne

For most of those ending in -*eur*, change this to
-*euse*:
un vendeur, une vendeuse

But in a few cases, -*eur* becomes -*rice*:
un directeur, une directrice

One important exception is:
un copain, une copine

Singular and plural

Most nouns are made plural by adding an -*s*, as in English (which, of course, is not normally sounded in spoken French):

un garçon, des garçons

There are some exceptions. If the singular form ends in -*s*, -*x* or -*z*, it does not change in the plural:

un repas, des repas
le prix, les prix
le nez, les nez

If the singular form ends in -*al*, this becomes -*aux*:

un animal, des animaux

If the singular form ends in -*eau*, -*eu* or -*ou*, an -*x* is added:

un gâteau, des gâteaux
un jeu, des jeux
un chou, des choux

Note the following important exceptions:

un oeil, des yeux
madame, mesdames
monsieur, messieurs
mademoiselle, mesdemoiselles

2 *The* and *a*: definite and indefinite articles

When you learn a noun always learn with it either the definite article, *le* or *la*, or the indefinite article, *un* or *une*.

The

le masc. sing.
la fem. sing.
l' before a vowel, masc. or fem. sing.
les plural, masc. or fem.

Sometimes the definite article is used in French where it is absent in English:

J'aime le pain français *I like French bread*
Les pêches sont plus chères que les pommes *Peaches are dearer than apples*

A, an

un masc.
une fem.

Nouns in French are hardly ever used without a definite or indefinite article. One important exception is when referring to someone's job or profession:

Monsieur Delcourt est pharmacien
Monsieur Delcourt is a chemist

3 *Some, any*: partitive article

du masc. sing.
de la fem. sing.
de l' before a vowel, masc. or fem. sing.
des plural, masc. or fem.

Elle a acheté **du** pain, **de la** confiture et **de l'**eau minérale *She bought some bread, some jam and some mineral water.*

Avez-vous **des** ananas? *Have you any pineapples?*

After a negative, all these become *de* or *d'* (see *Grammaire*, p. 36).

Use *de* after expressions of quantity:

un kilo **de** bananes
trois tranches **de** jambon
une boîte **de** sardines

4 Adjectives

(See *Grammaire*, p. 23)
Adjectives describe nouns. In French, adjectives change their form to 'agree' with the noun they are describing. Most adjectives follow this pattern:

masc. sing. *petit, bleu, fatigué*
fem. sing. *petite, bleue, fatiguée*
masc. pl. *petits, bleus, fatigués*
fem. pl. *petites, bleues, fatiguées*

If the masc. form ends in -*e* (without an accent), the fem. form is the same:

rouge masc. and fem.
jeune masc. and fem.

If the masc. form ends in -*er*, this becomes -*ère* in the fem. form:

cher masc. sing.
chère fem. sing.

If the masc. form ends in -*x*, this becomes -*se* in the fem. form. There is no separate masc. pl. form for these adjectives:

heureux masc. sing.

heureuse fem. sing.

heureux masc. pl.

heureuses fem. pl.

If the masc. sing. form ends in *-al*, the masc. pl. form ends in *-aux*:

général masc. sing.

générale fem. sing.

généraux masc. pl.

générales fem. pl.

If the masc. sing. form ends in *-s*, this is doubled before adding an *-e* for the fem. form, and there is no separate masc. pl. form:

gros masc. sing.

grosse fem. sing.

gros masc. pl.

grosses fem. pl.

Some common adjectives follow none of these patterns, so each one has to be learnt separately. Three of them have a second masc. sing. form which is used before a vowel; they are printed in brackets. These are the ones you should know:

Masc. sing.	Fem. sing.	
bon	bonne	*good*
gentil	gentille	*kind*
blanc	blanche	*white*
long	longue	*long*
doux	douce	*sweet, soft*
frais	fraîche	*fresh, cool*
neuf	neuve	*brand new*
beau (bel)	belle	*beautiful*
nouveau (nouvel)	nouvelle	*new*
vieux (vieil)	vieille	*old*

Masc. pl.	Fem. pl.
bons	bonnes
gentils	gentilles
blancs	blanches
longs	longues
doux	douces
frais	fraîches
neufs	neuves
beaux	belles
nouveaux	nouvelles
vieux	vieilles

Position of adjectives

All adjectives of colour and nationality and most other adjectives follow the noun they describe:

Je vais mettre mon pull rouge

Tu aimes le fromage italien?

J'ai entendu une histoire drôle

However, some common adjectives go before the noun. These are the ones you need to know:

grand, petit, bon, mauvais, jeune, vieux, nouveau, beau, joli, gros, long, court, haut.

Also: premier, deuxième, troisième, etc.

Je vais mettre mon nouveau pull rouge

Elle habite au quatrième étage

5 Comparisons

(See *Grammaire*, p. 132)

plus . . . que *more . . . than*

moins . . . que *less . . . than*

aussi . . . que *as . . . as*

Michel est $\begin{cases} \text{plus} \\ \text{moins} \\ \text{aussi} \end{cases}$ grand que Pierre

The adjective agrees in the usual way:

Madeleine est plus **petite** que son frère

Les pommes sont moins **chères** que les ananas

There is a special comparative form of *bon*. To say 'better', use *meilleur*:

Aujourd'hui, les poires sont meilleures que les pommes

6 Superlatives

(See *Grammaire*, p. 133)

Use these to express the idea of 'most' or 'least'. Depending on the noun you are describing, use *le*, *la* or *les*, followed by *plus* or *moins*, then the correct form of the adjective. If the adjective normally follows the noun, then the whole phrase will follow the noun:

Michel est le garçon le plus intelligent de la classe.

If the adjective normally precedes the noun, then the whole phrase will precede it:

Il est aussi le plus petit garçon de la classe

To say 'the best', use *le meilleur, la meilleure, les meilleur(e)s.*

7 *My, your, his,* etc: possessive adjectives

(See *Grammaire*, p. 119)

Masc. sing.	Fem. sing.	(Before a vowel)	Masc. and fem. pl.	
mon	ma	mon	mes	my
ton	ta	ton	tes	your
son	sa	son	ses	his, her, its
notre	notre		nos	our
votre	votre		vos	your
leur	leur		leurs	their

The possessive adjective agrees with the noun that follows it, regardless of who or what the possessor is:

Marc met **sa** chemise *Marc is putting on his shirt*

8 *This, these*: demonstrative adjectives

(See *Grammaire*, p. 65)

masc. sing. *ce* (but *cet* before a vowel) this or that
fem. sing. *cette* this or that
masc. and fem. pl. *ces* these or those

To be more precise, add *-ci* or *-là* to the noun, using a hyphen:

Ce livre-ci *this book*
Cette jupe-là *that skirt*

9 Indefinite adjectives

These are the ones used in this book and that you should know:

quelque(s) *some, a few*
plusieurs (invariable) *several*
chaque (invariable) *each*
autre(s) *other*
même(s) *same*
tout, toute, tous, toutes *all*

10 Pronouns

Pronouns replace nouns or phrases containing nouns.

Subject pronouns

These indicate who or what is doing the action of the verb. They are:

je	nous
tu	vous
il, elle, on	ils, elles

Direct object pronouns

(See *Grammaire*, p. 91)

These indicate who or what is receiving the action of the verb. They are:

me	nous
te	vous
le, la, l'	les

These pronouns go directly in front of the verb to which they relate, even if it is a negative verb:

Je ne **les** vois pas

Sometimes the relevant verb is in the infinitive:
Tu vas l'acheter?

These pronouns can also be used with *voici* and *voilà*:

Nous voici
Le voilà

See also the sections on Imperatives and The Perfect Tense.

Indirect object pronouns

(See *Grammaire*, p. 107)

These are used to express the idea 'to me', 'to him', 'to you', etc. They are:

me	nous
te	vous
lui	leur

These pronouns precede the verb to which they relate, in the same way as direct object pronouns:

Mon père va **me** donner de l'argent

See also the sections on Imperatives and The Perfect Tense.

The pronouns *y* and *en*

(See *Grammaire*, p. 133)

Y replaces a noun or a phrase containing a noun, and expresses the idea of 'there', 'in' or 'to that place'.
En replaces a noun or a phrase containing a noun, and conveys the meaning 'of it', 'of them', 'some', 'any'.
Both go before the verb:

Allez-vous souvent **au cinéma**? Oui, j'**y** vais tous les samedis
Des pêches, madame? Combien **en** voulez-vous? J'**en** prends un kilo
Des melons? Je regrette, je n'**en** ai plus

When two or more pronouns occur before the verb, it is important to get them in the right order. Try to memorise this table so that you can use any pronoun correctly.

je					
tu					
il					
elle	me				
on	te	le			
nous	nous	la	lui	y	en
vous	vous	les	leur		
ils					
elles					

This one, that one: demonstrative pronouns

(See *Grammaire*, p. 133)

These pronouns replace *ce*, *cette*, etc. plus a noun. They are:

celui masc. sing.   *ceux* masc. pl.
celle fem. sing.   *celles* fem. pl.

They are often used with *-ci* and *-là*:
J'aime ces gants-ci, mais ceux-là sont moins chers

Ceci and *cela* are used to refer to unnamed objects, or to facts and ideas:
Cela ne m'intéresse pas

Often, *cela* is shortened to *ça*:
Ça fait combien?

Who, whom, which: relative pronouns

(See *Grammaire*, p. 91)

Qui, used in the middle of a sentence, means 'who' when referring to people, and 'which' when referring to things. It is the subject of the following clause, and is therefore usually followed by a verb:

C'est ma mère **qui** fait la cuisine chez moi
Le train **qui** est au quai numéro cinq, va à Rouen

Notice that *qui* is not shortened before a vowel.

Que, used in the middle of a sentence, means 'whom' when referring to people and 'that' or 'which' when referring to things. It is the object of the following clause, and is therefore usually followed by a noun or a pronoun:

C'est le garçon **que** nous avons vu hier
Monique porte le pantalon **qu'** elle a acheté hier

Notice that *que* is shortened to *qu'* before a vowel.

In English, 'whom', 'that' and 'which' are often omitted. In French, *que* is never omitted.

11 Prepositions

À – *to* or *at*

à plus proper noun	à Paris, à Pierre
à plus *la*	à la piscine, à la dame
à plus *l'*	à l'école, à l'enfant
à plus *le*	**au** collège, **au** professeur
à plus *les*	**aux** magasins, **aux** professeurs

(But see below for names of countries)

Note also: à pied *on foot*; à vélo *by bicycle*; salle à manger *dining-room*

De – *of* or *from*

de plus proper noun	de Paris, de Pierre
de plus *la*	de la piscine, de la dame
de plus *l'*	de l'école, de l'enfant
de plus *le*	**du** collège, **du** professeur
de plus *les*	**des** magasins, **des** professeurs

(But see below for names of countries)

De also forms part of other prepositions:

près de *near*	près de Londres
en face de *opposite*	en face du cinéma
à côté de *next to*	à côté des toilettes

Other important prepositions

dans *in*
(But see below for names of towns and countries)

sur *on*
sous *under*
devant *in front of*
derrière *behind*
chez *at or to the house of*
pour *for, in order to*

Transport

(See *Grammaire*, p. 92)

en avion	à pied
en bateau	à *or* en vélo
en voiture	à *or* en motocyclette
en autobus	par le train
en car	

Names of towns and countries

à *to or in a town:* à Bruxelles *to or in Brussels*
au Havre *to or in Le Havre*

en *to or in a country:* en France *to or in France*

de *from a town or a country:* de Belgique
de Lyon

Note these exceptions:

au, du { Canada, Danemark, Luxembourg, Portugal
aux, des { Pays Bas (*to or in*), États-Unis (*from*)

12 Verbs

The present tense

(See *Grammaire*, p. 22)

The three groups of regular verbs are known by the ending of their infinitives: *-er*, *-ir* and *-re*. The endings for regular verbs are:

-ER
jouer

je joue	nous jouons
tu joues	vous jouez
il / elle / on joue	ils / elles jouent

-IR
finir

je finis	nous finissons
tu finis	vous finissez
il / elle / on finit	ils / elles finissent

-RE
attendre

j'attends	nous attendons
tu attends	vous attendez
il / elle / on attend	ils / elles attendent

Some common *-er* verbs have slight irregularities:
In the *nous* form:
Infinitives ending in *-cer*: nous commençons
Infinitives ending in *-ger*: nous mangeons, nous nageons

In all forms except *nous* and *vous*:
acheter and *lever* have a grave accent:
j'achète (nous achetons)
ils se lèvent (vous vous levez)
appeler has *-ll*: Tu t'appelles (nous nous appelons)

Many common verbs do not follow any of these patterns. Their endings will be found in the verb table.

Giving orders (the imperative)

(See *Grammaire*, p. 50)

Use the *tu* or the *vous* form of the present tense without the *tu* or the *vous*:
Attends *Wait*
Appelez un médecin *Call a doctor*

For verbs with *-er* endings, leave off the *-s* from the *tu* form:

Regarde
Ouvre la fenêtre
(Note also: va *go*)

To say 'Let's . . .', use the *nous* form of the present tense without the *nous*:
Faisons nos devoirs *Let's do our homework*

Pronouns come after the imperative and are attached by a hyphen, *me* and *te* becoming *moi* and *toi*:

Donnez-le-lui *Give it to him*

Regardez-moi *Look at me*

Prends-en *Take some*

(See also the section on Negatives)

Reflexive verbs

(See *Grammaire*, p. 23)

These are distinguished by the reflexive pronoun immediately before the verb:

se lever: je **me** lève nous **nous** levons
          tu **te** lèves vous **vous** levez
          il **se** lève ils **se** lèvent

In the imperative, this pronoun comes after the verb, and *te* becomes *toi*:

Lève-**toi** *Get up*

Amusez-**vous** bien *Have a good time*

(See also the sections on Negatives and the Perfect Tense)

The perfect tense or the passé composé

(See *Grammaire*, pp. 64, 118)

Use to express completed actions in the past. The perfect tense of most verbs is formed by using the present tense of *avoir* plus the past participle of the verb to be used.

For certain verbs and for all reflexive verbs, *être* is used instead of *avoir*.

Past participles of regular verbs are formed as follows:

-*er* verbs: remove -*er* and add -*é*
-*ir* verbs: remove -*r*
-*re* verbs: remove -*re* and add -*u*

Many common verbs do not follow this rule. Their past participles will be found in the verb table.

These verbs and all reflexive verbs take *être* in the perfect tense:

aller	venir
arriver	partir
entrer	sortir
monter	descendre
tomber	rester
rentrer	retourner
revenir	devenir
naître	mourir

Past participles of verbs taking *être* have to agree with the subject, and take on endings just like adjectives:

elle est arriv**ée**
ils sont descendu**s**
nous sommes parti**s**
elle sont tomb**ées**

Pronouns go before the *avoir*, or *être* parts:

Il **l'**a regardé
Il **m'**a donné de l'argent
Nous **y** sommes descendus

Negatives

(See *Grammaire*, p. 36)

The two parts of the negative go on either side of the verb.

In the past tense, they go on either side of the *avoir* or *être* part:

ne . . . pas
Je **ne** travaille **pas**   je n'ai **pas**

ne . . . jamais *never*
Il **ne** va **jamais** à la piscine

ne . . . plus *no longer, no more*
Il **n'**habite **plus** Paris   Je n'ai **plus** d'argent

ne . . . rien *nothing*
Il **n'**a **rien** acheté

ne . . . personne *no one*
Je **ne** vois **personne**

Note also: Personne n'est là *There's no one there*
           Rien n'est arrivé *Nothing happened*

Jamais, *rien* and *personne* can be used on their own in answer to a question.

ne . . . ni . . . ni *neither . . . nor*
Je **n'**ai **ni** frère **ni** soeur

ne . . . que *only*
Il **n'**a **que** deux francs

Pronouns go between *ne* and the verb:

Il ne **me** regarde pas *He isn't looking at me*
Je n'**y** vais jamais *I never go there*

If a command is negative, the pronouns go before the verb:

Donnez-**le-lui**
Ne **le lui** donnez pas

Asking questions: the interrogative

(See *Grammaire*, p. 51)

There are three main patterns for asking questions:

1 By intonation (raising the voice at the end of the sentence). Tu aimes le vin?
2 By beginning the sentence with *Est-ce que* . . . ?
   Est-ce que tu aimes le vin?
3 By inverting the subject and the verb:
   Aimes-tu le vin?
   When this results in two vowels together, *-t-* is inserted:
   Va-t-il au supermarché?

Both inversion and *est-ce que* . . . are used with question words:

Où vas-tu?
Pourquoi est-ce que tu fais cela?

Venir de

To say that something has just happened, use the present tense of *venir* followed by *de* and the infinitive:

Je viens d'arriver *I have just arrived*

Aller + infinitive

To say what is going to happen, use the present tense of *aller* followed by the infinitive:

Il va sortir *He is going to go out*

The Imperfect tense

(Fully revised in Book 2)
Uses:

a) descriptions in the past:
   Il faisait beau *It was fine*
   Elle était contente *She was happy*
b) what was happening:
   Il lisait son journal
   He was reading his newspaper
c) what used to happen:
   Quand j'étais jeune, je nageais beaucoup
   When I was young I used to swim a lot

With the single exception of *être*, the imperfect tense is formed by removing the *-ons* from the *nous* form of the present tense, and adding these endings:

-ais   -ions
-ais   -iez
-ait   -aient

The imperfect tense of *être* is *j'étais*, *tu étais*, etc.

The Future tense

(Fully revised in Book 2)
Used to say what will happen.
The future tense of regular verbs is formed by adding these endings to the infinitive:

-ai   -ons
-as   -ez
-a   -ont

Regular *-re* verbs drop the final *e* before the endings are added.

je	donnerai	finirai	répondrai
tu	donneras	finiras	répondras
il, elle, on	donnera	finira	répondra
nous	donnerons	finirons	répondrons
vous	donnerez	finirez	répondrez
ils, elles	donneront	finiront	répondront

Although the endings never vary, many common verbs have irregular stems, which have to be learnt. You will find them in the verb table.

These are the most common irregular future stems:

aller	j'irai, tu iras, il ira, nous irons, vous irez, ils iront	être	je serai, etc.
		faire	je ferai, etc.
		pouvoir	je pourrai, etc.
avoir	j'aurai, etc.	venir	je viendrai, etc.
devoir	je devrai, etc.	vouloir	je voudrai, etc.

Verb table

Infinitive	Present		Perfect	Imperfect	Future
acheter *to buy*	j'achète tu achètes il achète	nous achetons vous achetez ils achètent	j'ai acheté etc.	j'achetais etc.	j'achèterai etc.
aller *to go*	je vais tu vas il va	nous allons vous allez ils vont	je suis allé(e) etc.	j'allais etc.	j'irai etc.
appeler *to call*	j'appelle tu appelles il appelle	nous appelons vous appelez ils appellent	j'ai appelé etc.	j'appelais etc.	j'appellerai etc.

s'appeler, *to be called* see appeler

apprendre, *to learn* see prendre

Infinitive	Present		Perfect	Imperfect	Future
avoir *to have*	j'ai tu as il a	nous avons vous avez ils ont	j'ai eu etc.	j'avais etc.	j'aurai etc.
boire *to drink*	je bois tu bois il boit	nous buvons vous buvez ils boivent	j'ai bu etc.	je buvais etc.	je boirai etc.

comprendre, *to understand* see prendre

Infinitive	Present		Perfect	Imperfect	Future
connaître *to know*	je connais tu connais il connaît	nous connaissons vous connaissez ils connaissent	j'ai connu etc.	je connaissais etc.	je connaîtrai etc.
croire *to believe* *to think*	je crois tu crois il croit	nous croyons vous croyez ils croient	j'ai cru etc.	je croyais etc.	je croirai etc.

devenir, *to become* see venir

Infinitive	Present		Perfect	Imperfect	Future
devoir *to have to* *to owe*	je dois tu dois il doit	nous devons vous devez ils doivent	j'ai dû etc.	je devais etc.	je devrai etc.
dire *to say*	je dis tu dis il dit	nous disons vous dites ils disent	j'ai dit etc.	je disais etc.	je dirai etc.

Infinitive	Present		Perfect	Imperfect	Future
dormir *to sleep*	je dors tu dors il dort	nous dormons vous dormez ils dorment	j'ai dormi etc.	je dormais etc.	je dormirai etc.
écrire *to write*	j'écris tu écris il écrit	nous écrivons vous écrivez ils écrivent	j'ai écrit etc.	j'écrivais etc.	j'écrirai etc.
envoyer *to send*	j'envoie tu envoies il envoie	nous envoyons vous envoyez ils envoient	j'ai envoyé etc.	j'envoyais etc.	j'enverrai etc.
essayer *to try*	j'essaie tu essaies il essaie	nous essayons vous essayez ils essaient	j'ai essayé etc.	j'essayais etc.	j'essaierai etc.
être *to be*	je suis tu es il est	nous sommes vous êtes ils sont	j'ai été etc.	j'étais etc.	je serai etc.
faire *to do* *to make*	je fais tu fais il fait	nous faisons vous faites ils font	j'ai fait etc.	je faisais etc.	je ferai etc.
falloir *to be necessary*	il faut		il a fallu	il fallait	il faudra
se lever *to get up*	je me lève tu te lèves il se lève	nous nous levons vous vous levez ils se lèvent	je me suis levé(e) etc.	je me levais etc.	je me lèverai etc.
lire *to read*	je lis tu lis il lit	nous lisons vous lisez ils lisent	j'ai lu etc.	je lisais etc.	je lirai etc.
mettre *to put* *to put on*	je mets tu mets il met	nous mettons vous mettez ils mettent	j'ai mis etc.	je mettais etc.	je mettrai etc.
ouvrir *to open*	j'ouvre tu ouvres il ouvre	nous ouvrons vous ouvrez ils ouvrent	j'ai ouvert etc.	j'ouvrais etc.	j'ouvrirai etc.
partir *to leave* *to depart*	je pars tu pars il part	nous partons vous partez ils partent	je suis parti(e) etc.	je partais etc.	je partirai etc.
payer *to pay* *to pay for*	je paie/paye tu paies/payes il paie/paye	nous payons vous payez ils paient/payent	j'ai payé etc.	je payais etc.	je payerai/ paierai etc.
pleuvoir *to rain*	il pleut		il a plu	il pleuvait	il pleuvra
pouvoir *to be able*	je peux tu peux il peut	nous pouvons vous pouvez ils peuvent	j'ai pu etc.	je pouvais etc.	je pourrai etc.

prendre *to take*	je prends tu prends il prend	nous prenons vous prenez ils prennent	j'ai pris etc.	je prenais etc.	je prendrai etc.
recevoir *to receive*	je reçois tu reçois il reçoit	nous recevons vous recevez ils reçoivent	j'ai reçu etc.	je recevais etc.	je recevrai etc.
rire *to laugh*	je ris tu ris il rit	nous rions vous riez ils rient	j'ai ri etc.	je riais etc.	je rirai etc.
savoir *to know*	je sais tu sais il sait	nous savons vous savez ils savent	j'ai su etc.	je savais etc.	je saurai etc.
sortir *to go out*	je sors tu sors il sort	nous sortons vous sortez ils sortent	je suis sorti(e) etc.	je sortais etc.	je sortirai etc.
venir *to come*	je viens tu viens il vient	nous venons vous venez ils viennent	je suis venu(e) etc.	je venais etc.	je viendrai etc.
voir *to see*	je vois tu vois il voit	nous voyons vous voyez ils voient	j'ai vu etc.	je voyais etc.	je verrai etc.
vouloir *to want* *to wish*	je veux tu veux il veut	nous voulons vous voulez ils veulent	j'ai voulu etc.	je voulais etc.	je voudrai etc.

Vocabulary

d'abord *first*
d'accord *agreed, all right*
achat (m) *a purchase*
acheter *to buy*
afficher *to put up a notice*
il s'agit de *it's a matter of*
agréable *pleasant*
aider *to help*
d'ailleurs *moreover*
aimable *kind, nice*
alimentation (f) *food*
ambiance (f) *atmosphere*
s'améliorer *to improve*
s'amuser *to enjoy oneself*
ananas (m) *pineapple*
animé *lively, busy*
anniversaire (m) *birthday*
annuaire (m) *directory*
un appareil (m) *camera, telephone*
appeler *to call*
apprendre *to learn*
appuyer *to press*

après *after*
araignée (f) *spider*
arbre (m) *tree*
armoire (f) *wardrobe*
arrêter *to stop*
ascenseur (m) *lift*
assez *fairly*
attendre *to wait (for)*
au bout *at the end*
au fond *at the back, the bottom*
au moins *at least*
auto-stop (m) *hitch-hiking*
autre *other*
avant *before*
avant-hier *the day before yesterday*
avenir (m) *future*
avis (m) *opinion, notice*
avocat (m) *lawyer*
avouer *admit*

bagages (m pl) *luggage*
baignade (f) *bathing*
baignoire (f) *bath*
bande (f) *tape*
bas, basse *low*
bavarder *to chat*
bête *stupid*

betterave (f) *beetroot*
beurre (m) *butter*
bientôt *soon*
bienvenu *welcome*
bijoux (m) *jewellery*
billet (m) *ticket*
blessé *injured*
bloc sanitaire (m) *washrooms*
blouson (m) *jacket*
boire *to drink*
bois (m) *wood*
boisson (f) *drink*
de bonne heure *early*
boudin (m) *black pudding*
bouteille (f) *bottle*
brasserie (f) *bar, café*
brioche (f) *bun*
se bronzer *to sunbathe*
bruit (m) *noise*

cadeau (m) *gift*
cadre (m) *setting, surroundings*
cafard (m) *homesickness*
caisse (f) *cashdesk, check-out*
canif (m) *penknife*
carrefour (m) *crossroads*
carte (f) *card, map, menu*

ceinture (f) *belt*
cependant *however*
chaleur (f) *heat*
chambre (f) *bedroom*
champignon (m) *mushroom*
chance (f) *luck*
avoir de la chance *to be lucky*
chanteur/se *singer*
chapeau (m) *hat*
chaque *each*
chariot (m) *trolley*
chasser *to chase, hunt*
châtain *chestnut brown*
chaton (m) *kitten*
chaud *warm, hot*
avoir chaud *to be hot*
chemin (m) *way*
chemin de fer (m) *railway*
circulation (f) *traffic*
clair *light*
clé, clef (f) *key*
coffre-fort (m) *safe*
coin (m) *corner*
collier (m) *necklace*
c'est le comble *that's the last straw*
commissariat (m) *police station*
complet *full*
comportement (m) *behaviour*
comprendre *to understand*
compris *included*
conducteur (m) *driver*
conduire *to drive*
confiture (f) *jam*
conseil (m) *advice*
conseiller *to advise*
consigne (f) *left luggage, deposit*
convenable *suitable*
convenir *to suit*
copain, copine (mf) *friend*
cornichon (m) *gherkin*
correspondant(e) (mf) *penfriend*
corriger *to correct*
à côté de *next to*
se coucher *to go to bed*
couchette (f) *sleeping berth*
cours (m) *lesson*
courses (f) *shopping*
court *short*
couteau (m) *knife*
coûter *to cost*
coutume (f) *custom*
croire *to believe, think*
cross (m) *cross-country running*
cuillère (f) *spoon*
cuir (m) *leather*
cuisine (f) *kitchen, cooking*

débâcle (m) *disaster*
se débrouiller *to manage*
dedans *inside*
dégoûtant *disgusting*
déjà *already*
déjeuner (m) *lunch*
déjeuner *to have lunch*
demain *tomorrow*
se dépêcher *to hurry*
se déplacer *to get around*

dernier *last*
devenir *to become*
devoir (m) *homework*
devoir *to have to, owe*
dire *to say*
directeur/trice (mf) *headmaster (mistress)*
se diriger *to head for*
se distraire *to amuse oneself*
dommage (m) *pity*
donner *to give*
donner sur *to overlook*
dormir *to sleep*
dortoir (m) *dormitory*
douane (f) *customs*
douche (f) *shower*
drap (m) *sheet*
dresser *to pitch*
drôle *funny*
dur *hard*

écharpe (f) *scarf*
échecs (m) *chess*
écrire *to write*
s'écrire *to be spelt*
efficace *effective*
également *also*
emplacement (m) *pitch*
en bas *downstairs*
en haut *upstairs*
en principe *in theory*
enchanté *delighted*
encore *again, yet*
s'endormir *to go to sleep*
endroit (m) *place*
enfin *finally, at last*
s'ennuyer *to miss someone, to be bored*
ennuyeux *boring, annoying*
ensemble *together*
ensuite *next*
entendre *to hear*
entendu *understood, agreed*
entre *between*
avoir envie de *to feel like*
environ *about*
environs (m) *vicinity*
envoyer *to send*
escalier (m) *staircase*
escargot (m) *snail*
espérer *to hope*
essayer *to try, try on*
essence (f) *2 star petrol*
est (m) *east*
étage (m) *floor, storey*
état (m) *state, condition*
étoile (f) *star*
étranger *strange, foreign*
études (f) *studies*
étudiant(e) (mf) *student*
évier (m) *sink*
éviter *to avoid*

faible *weak*
avoir faim *to be hungry*
faits-divers (m pl) *facts*
farine (f) *flour*
fatigué *tired*

fauteuil (m) *armchair*
faux, fausse *false*
ficelle (f) *type of loaf*
fiche (f) *form*
filet (m) *luggage rack*
flûte (f) *type of loaf*
fois (f) *time, occasion*
foncé *dark*
fort *strong, good*
fou (m) *madman*
fourchette (f) *fork*
freins (m pl) *brakes*
frère (m) *brother*
frisé *curly*
frites (f pl) *chips*
froid *cold*
avoir froid *to be cold*

gagner *to earn, win*
gant (m) *glove*
garder *to keep*
gardien *warden*
gêner *to bother*
gens (m pl) *people*
gentil *kind*
glisser *to slip*
goûter *to taste*
grande surface (f) *hypermarket*
gratuit *free*
guichet (m) *ticket office*

heureusement *fortunately*
heureux *happy*
horaire (m) *timetable*
hors de service *out of order*
huile (f) *oil*

illustré (m) *magazine*
imperméable (m) *raincoat*
n'importe quel *whatever*
incroyable *incredible*
informatique (f) *computer studies*
inquiet *upset*
s'installer *to settle in*
insupportable *intolerable*

jambon (m) *ham*
jeter *to throw*
jeu (m) *game*
joli *pretty*
jour (m) *day*
journée (f) *day*

là-bas *down there, over there*
laine (f) *wool*
laisser *to leave, let*
langue (f) *language, tongue*
lavabo (m) *washbasin*
se laver *to get washed*
léger *light*
légume (m) *vegetable*
lendemain (m) *the next day*
lent *slow*
lentement *slowly*
se lever *to get up*
libre *free*
licence (f) *licence, permit*

lier d'amitié *to make friends*
lire *to read*
lit (m) *bed*
livre (f) *pound*
location (f) *renting, hiring*
lointain (m) *distance*
longtemps *long time*
louer *to rent, hire*
lourd *heavy*
lunettes (f pl) *glasses*

maintenant *now*
malade *ill*
malheureusement *unfortunately*
manquer *to miss, lack*
marchandise (f) *goods*
marrant *funny*
matière (f) *subject*
matin (m) *morning*
matinée (f) *morning*
mec (m) *bloke*
se méfier *to beware*
même *same, even*
mettre *to put*
mettre la table *to lay the table*
mille-feuille (f) *type of cake*
mince *slim*
mode (f) *fashion*
moins *less, least*
monnaie (f) *change, coins*
montagne (f) *mountain*
monter *to go up, climb*
montre (f) *watch*
montrer *to show*
moteur (m) *engine*
mouillé *wet*
mûr *ripe*

natation (f) *swimming*
neuf *new*
niveau (m) *level*
nord (m) *north*
note (f) *bill*
nourriture (f) *food*
nouveau *new*
nuage (m) *cloud*
nuageux *cloudy*
nuit (f) *night*

occupé *occupied, busy*
s'occuper *to deal with*
oeuf (m) *egg*
offrir *to give, offer*
oser *to dare*
oublier *to forget*
ouest (m) *west*
ouvre-boîte (m) *tin-opener*
ouvrir *to open*

pamplemousse (m) *grapefruit*
panneau (m) *noticeboard*
parapluie (m) *umbrella*
pare-brise (m) *windscreen*
pareil *same, similar*
paresseux *lazy*
parfait *perfect*
parfois *sometimes*
parfum (m) *perfume, flavour*

parmi *amongst*
partie (f) *game*
partir *to leave, depart*
partout *everywhere*
passionnant *fascinating*
patienter *to wait*
pays (m) *country*
paysage (m) *landscape*
pellicule (f) *film*
pelouse (f) *grass*
pendant *during*
péniblement *with difficulty*
penser *to think*
permis (m) *licence, permit*
petit déjeuner (m) *breakfast*
petits pois (m pl) *peas*
avoir peur *to be afraid*

phare (m) *headlight*
phrase (f) *sentence*
pile (f) *battery*
pintadeau (m) *guinea-fowl*
plage (f) *beach*
pleuvoir *to rain*
pluie (f) *rain*
plupart (f) *most, majority*
plusieurs *several*
poids (m) *weight*
pont (m) *bridge*
porte-clefs (m) *key-ring*
portefeuille (m) *wallet*
porte-monnaie (m) *purse*
poubelle (f) *waste bin*
poupée (f) *doll*
pourboire (m) *tip*
prendre *to take*
presque *almost*
prêt *ready*
prêter *to lend*
prévu *intended*
prix (m) *price, prize*
prochain *next*
profiter *to take advantage of*
promenade (f) *walk, ride*
se promener *to go for a walk*
à propos *incidentally*
en provenance de *coming from*
puis *then*
puissant *powerful*

quai (m) *platform*
quand même *even so*
quelquefois *sometimes*
quelquepart *somewhere*

raisin (m) *grapes*
avoir raison *to be right*
randonnée (f) *hike*
rapporter *to bring back*
rayon (m) *department*
réchaud (m) *stove*
récompense (f) *reward*
réduit *reduced*
règlement (m) *regulations*
régler *to settle*
remercier *to thank*
remplir *to fill, fill in*

rencontrer *to meet*
se rendre compte de *to realise*
renseignements (m pl) *information*
rentrer *to return*
se reposer *to rest*
rester *to stay*
en retard *late*
réussir *to succeed*
en revanche *on the other hand*
se réveiller *to wake up*
revenir *to return*
riz (m) *rice*
roue (f) *wheel*
rouler *to drive, ride*
roux *auburn*

sac à dos (m) *rucksack*
sac de couchage (m) *sleeping-bag*
salle d'attente (f) *waiting-room*
salle de jeux (f) *games room*
sans *without*
santé (f) *health*
sauf *except*
savon (m) *soap*
séduisant *attractive*
séjour (m) *stay*
selon *according to*
se sentir *to feel*
seul *alone*

seulement *only*
soeur (f) *sister*
avoir soif *to be thirsty*
soin (m) *care*
premiers soins (m pl) *first aid*
soir (m) *evening*
soirée (f) *evening*
soit . . . soit *either . . . or*
souhaiter *to wish*
sourire (m) *smile*
sous-sol (m) *basement*
sous-titre (m) *subtitle*
souterrain *underground*
se souvenir de *to remember*
standard (m) *switchboard*
sud (m) *south*
suivant *following*
suivre *to follow*
surprise-partie (f) *party*
surtout *especially*
sympa, sympathique *nice, friendly*

taille (f) *size, height*
tant mieux! *that's fine!*
tant pis! *never mind!*
tante (f) *aunt*
tard *late*
tarif (m) *price list*
tasse (f) *cup*
tellement *so*
terminer *to end*
terrain de camping (m) *campsite*
terre (f) *ground*
tiroir (m) *drawer*
toile (f) *canvas*
tomber *to fall*
tomber en panne *to break down*

157

avoir tort *to be wrong*
tôt *early*
toujours *always*
tout de suite *straightaway*
trajet (m) *journey*
tranche (f) *slice*
travail (m) *work*
travailler *to work*
travaux (m pl) *road works*
traverser *to cross*
tricoter *to knit*
trimestre (m) *term*
triste *sad*
trop *too*
trouver *to find*
se trouver *to be situated*

utile *useful*

vacances (f pl) *holidays*
valise (f) *suitcase*
ça vaut la peine *it's worth it*
veille (f) *the day before*
vélo (m) *bike*
vendeur/se (m f) *shop assistant*
vendre *to sell*
vérifier *to check*
verre (m) *glass*
veste (f) *jacket*
vêtements (m pl) *clothes*
ça veut dire *that means*
viande (f) *meat*
vide *empty*

vieux, vieille *old*
vitesse (f) *speed*
voie (f) *platform, track*
voisin *neighbouring*
voiture (f) *car*
volet (m) *shutter*
volontiers *with pleasure*
voyage (m) *journey*
vrai *true*

yaourt (m) *yogurt*

Tapescript

Première Leçon

Rappel!

Sharon Aldridge

Je m'appelle Sharon Aldridge. J'ai seize ans. Je suis britannique. J'habite á Édimbourg en Écosse. En ce moment je suis en France à Royan avec ma correspondante, Florence. J'ai une soeur et un frère. Ma soeur a 12 ans et mon frère a 17 ans. J'ai de longs cheveux blonds, et je suis assez grande pour mon âge. Au collège, ma matière préférée, c'est le français. J'aime aussi l'anglais et l'histoire. Je déteste le sport. Je suis un peu timide, mais je suis très contente d'être chez les Delcourt. Ils sont très gentils.

Florence Delcourt

Moi, je suis française. Je m'appelle Florence Delcourt et je suis la correspondante de Sharon. Sharon est jolie et très sympathique. J'habite à Royan dans l'ouest de la France. Comme Sharon, j'ai 16 ans. Je suis fille unique. Je vais à un CES qui est situé dans le centre de la ville. J'y vais en autobus tous les jours sauf le mercredi et le dimanche. Je suis en seconde. J'ai les yeux bruns et les cheveux châtains. J'aime la musique 'rock', surtout les groupes anglais et américains, par exemple 'Police'.

Matthew Drury

Salut. Je m'appelle Matthew Drury. J'habite à York en Angleterre. J'ai 14 ans et j'ai une soeur qui a 9 ans. Je suis très sportif. J'aime tous les sports, surtout le rugby et le cross. J'aime manger le bifteck et les frites. Ma mère dit que je mange trop. Malheureusement, je n'aime pas du tout les escargots. Mes boissons préférées sont la limonade et le jus d'orange. J'adore tous les animaux – sauf les serpents. À la maison, nous avons deux chevaux, deux chiens, deux chats, et deux lapins. À l'école ma matière préférée c'est l'informatique. Je suis ici en France chez mon correspondant, Benoît.

Benoît Guyard

Bienvenu en France. Je suis le correspondant de Matthew. Je m'appelle Benoît Guyard et j'ai 15 ans. Matthew et moi, nous faisons un échange. Maintenant il est chez nous pour trois semaines, et, en juillet, je vais passer trois semaines chez lui en Angleterre. J'habite à Dijon dans l'est de la France. Au collège, je suis en troisième, c'est-à-dire, c'est ma quatrième année au CES. Comme Matthew, je suis assez sportif. J'aime le football et le rugby. Je ne comprends pas du tout le cricket.

Entendu

La bonne réponse

1 Tu as fait un bon voyage?
2 Je te présente mon grand-père.
3 Tu veux quelque chose à boire?
4 Encore des frites?
5 Qu'est-ce qui ne va pas?
6 Je peux prendre une douche?
7 Tu aimes le poulet?
8 Êtes-vous sportif?
9 Quelle est la date de ton anniversaire?
10 Pourquoi est-ce que vous vous couchez?

Un coup de téléphone

Mme Vernaud:	– Allô. C'est Isabelle Vernaud à l'appareil. Je peux parler à Madame Guyard s'il vous plaît?
Matthew:	– Je regrette, madame, elle n'est pas là. Moi, je suis le correspondant anglais de son fils, Benoît.
Mme Vernaud:	– Ah bon. Pouvez-vous lui donner un message?
Matthew:	– Oui, madame. Je vais chercher un stylo. Ne quittez pas. Voilà. Je suis prêt, madame.
Mme Vernaud:	– Eh bien. C'est que je ne peux pas passer chez elle cet après-midi parce que ma soeur et son mari vont arriver chez moi. Mais demain je peux venir vers trois heures. En plus, j'ai des billets de théâtre pour jeudi soir. Je me demande si elle voudrait m'accompagner.
Matthew:	– Très bien, madame. Je vais lui donner votre message.
Mme Vernaud:	– Et, peut-être, demain je vais faire votre connaissance, jeune homme. Au revoir pour le moment, et merci.
Matthew:	– De rien, madame. Au revoir.

Interview

Q: Comment vous appelez-vous, mademoiselle?
R: Je m'appelle Anne-Lise Mayet.
Q: Où habitez-vous en France?
R: J'habite à Bordeaux.
Q: Pourquoi êtes-vous en Angleterre?
R: Je suis ici pour perfectionner mon anglais.
Q: Vous êtes ici depuis combien de temps?
R: Depuis trois semaines.
Q: Quand est-ce que vous retournerez en France?
R: À la fin du mois.
Q: Que faites-vous le soir en Angleterre?
R: J'ai beaucoup de travail, naturellement. Quelquefois je regarde la télévision. C'est très bien la télévision anglaise.
Q: Où habitez-vous en Angleterre?
R: Je suis chez une famille – des amis de mon père.
Q: Parlez-moi un peu de votre famille.
R: Eh bien, il y a mon père, ma mère, mon frère et mes deux soeurs.

Q: Avez-vous des animaux?

R: Non, mais j'adore les chats et les chiens.

Q: Qu'est-ce que vous ferez quand vous retournerez en France?

R: J'espère devenir sécrétaire bilingue.

Deuxième Leçon

Rappel!

Dans la rue (1)

M: Pardon, madame, pour aller au musée du vin, s'il vous plaît?

F: (Quickly) Oui, monsieur, prenez la deuxième rue à gauche, puis la première à droite.

M: Je ne comprends pas. Voulez-vous répéter, s'il vous plaît?

F: (More slowly) La deuxième rue à gauche, puis la première à droite. Le musée est sur votre gauche.

M: C'est loin?

F: Ah non, monsieur, c'est tout près. Deux ou trois cents mètres, pas plus.

Dans la rue (2)

F: Pardon, monsieur, y a-t-il une banque près d'ici?

M: Une banque? Oui, madame, vous en avez deux Place du Marché.

F: La Place du Marché, c'est où, exactement?

M: Traversez la rue, tournez à gauche, et continuez tout droit.

F: Merci, monsieur. Au revoir.

Au café

M: Bonjour, mesdames. Qu'est-ce que vous prenez?

F: Pour moi, un café crème, et pour mon amie, un jus d'orange. Et qu'est-ce que vous avez comme sandwichs?

M: Pâté ou fromage.

F: Bon, donnez-moi un sandwich au fromage, s'il vous plaît.

M: Oui, mademoiselle.

Au restaurant (1)

F: Alors, vous prenez deux menus à soixante-dix francs. Et pour commencer?

M: Les crudités. Puis, le poulet rôti.

F: Oui, monsieur. Et comme boisson?

M: Une carafe de vin rouge et une bouteille d'eau minérale.

Au restaurant (2)

M: L'addition, s'il vous plaît, mademoiselle.

F: Voilà, monsieur.

M: Le service est compris?

F: Oui, monsieur.

Entendu

Dans la rue

1 F: Pardon, monsieur. Je cherche une banque. Il y en a une près d'ici?

M: Oui, il y en a deux ou trois, Place du Marché.

2 F: Pardon, monsieur, pour aller au stade, s'il vous plaît?

M: Désolé, madame. Je ne connais pas cette ville. Je ne suis pas d'ici.

3 F: Pouvez-vous m'aider, monsieur. Où se trouve le musée maritime?

M: Je ne sais pas, madame. Il faut aller au Syndicat d'Initiative.

Au restaurant

4 M: Vous avez choisi, mademoiselle? Qu'est-ce que vous prenez?

F: Le plat du jour.

5 F: La salade est pour moi, le pâté pour mon amie.

M: Voilà, mesdemoiselles, et bon appétit!

6 F: Où sont les toilettes, s'il vous plaît?

M: Pour les dames, au sous-sol.

7 F: Qu'est-ce qu'il y a comme glaces?

M: Vanille, chocolat et fraise.

8 F: Vous avez une table libre?

M: Vous êtes combien, madame?

Au Syndicat d'Initiative de Gaillac

1 F: Tournez à gauche, prenez la troisième rue à gauche, traversez la Place du Marché, passez par l'abbaye. C'est rue Saint Roch, au bord de la rivière.

2 F: Allez tout droit. C'est au coin de l'avenue Calvet, à côté de l'hôpital.

3 F: Traversez cette place. Montez la rue Joseph Rigal. Prenez la première rue à gauche, puis allez tout droit.

4 F: C'est juste en face, au coin de la rue Joseph Rigal.

5 F: Traversez la place de la Libération. Tournez à droite, puis continuez tout droit. Il est devant vous.

Bon anniversaire!

F1: Bon, aujourd'hui, je vous invite tous. Qu'est-ce que vous prenez?

M1: Moi, je vais prendre un coca. Toi aussi, Bernard, n'est-ce pas?

M2: Oui, c'est ça. Un coca.

F1: Et toi, Marie-Claude?

F2: Pour moi, un thé citron.

F3: Moi, je voudrais un diabolo menthe, s'il te plaît.

M3: Moi, je sais pas. Peut-être un citron pressé . . . non, un café-crème, je crois. Oui, un café-crème.

F1: C'est tout, n'est-ce pas?

F4: Et moi? Je prends le moins cher, une limonade.

F1: Bien. Oh . . . pour moi, un jus de pamplemousse. Bon, c'est décidé. Madame, s'il vous plaît.

Troisième Leçon

Rappel!

À la gare (1)

F: Pardon, monsieur, le train pour Dieppe part à quelle heure, s'il vous plaît?

M: À onze heures trente, madame.

F: Il arrive à quelle heure?

M: À treize heures quarante.

F: Merci, monsieur.

À la gare (2)

M1: Un aller simple pour Amiens, s'il vous plaît, monsieur.

M2: Voilà, monsieur. Cinquante-neuf francs.

M1: C'est quel quai?

M2: Quai numéro cinq, monsieur.

Entendu

C'est combien?

M: Un aller simple pour Le Mans c'est 75F, et un aller et retour 110F.

F: Un aller simple pour Angers? 48F, et un aller et retour c'est 63F.

M: Pour Orléans, c'est 165F aller simple, 252F aller et retour.

F: Bourges, Bourges . . . aller simple, c'est 182F . . . aller et retour, 274F.

M: Un aller simple pour Tours, c'est 71F, et un aller et retour, c'est 104F.

F: Pour Châteauroux, c'est 155F l'aller simple, et 227F l'aller et retour.

Trains au départ

1 M: Le train de seize heures quarante pour Paris, il part de quel quai, s'il vous plaît?

2 M: Le train de dix-sept heures huit, est-ce qu'il va à Cahors?

3 M: Le premier train pour Rodez part à quelle heure, madame?

4 F: De quel quai part le train de sept heures trente-six pour Aurillac?

5 F: Voyons, quai cinq, dix-sept heures cinq. C'est bien le train pour Cahors, n'est-ce pas?

6 F: À quelle heure part le dernier train pour Limoges, s'il vous plaît?

7 M: Il y a combien de trains pour Paris entre seize heures et dix-sept heures?

8 F: Est-ce qu'il y a un train pour Aurillac avant huit heures?

Attention! Attention!

M: Attention, attention. Le train à destination de Clermont-Ferrand partira de la voie numéro trois dans cinq minutes, à huit heures dix.

F: Attention, attention. Le train en provenance de St-Étienne arrivera à quatorze heures vingt, voie numéro cinq.

F: Attention, attention. Le train à destination de Toulouse partira de la voie sept à treize heures quinze.

M: Attention, attention. Le train en provenance de Vichy arrivera avec dix minutes de retard, à neuf heures trente-six.

F: Attention, attention. Le train en provenance de Montluçon va entrer en gare. Voie numéro quatre, le train de dix-sept heures en provenance de Montluçon. Attention aux portières.

M: Attention, attention. Le train de seize heures cinquante à destination de Brive va partir de la voie numéro huit. Attention au départ!

Interview à Perpignan

Journaliste (F): Bonjour, monsieur. Pour être à Perpignan demain avant midi, quel train est-ce qu'il faut prendre?

Employé: – Le premier train pour Perpignan est à sept heures trente-sept, mademoiselle. Arrivée à Perpignan à midi vingt-trois.

Journaliste: – Non, ça ne va pas. Il faut absolument que je sois à Perpignan avant midi, car je dois interviewer le Chef de Police. Il n'y a pas de train avant ça?

Employé: – Non, je regrette, mademoiselle. Pour ça il faut partir la veille.

Journaliste: – Ah, oui? À quelle heure?

Employé: – À vingt-trois heures dix-huit, arrivée à Perpignan à . . . voyons . . . à six heures cinquante-deux.

Journaliste: – Ce n'est pas agréable, ça. Je n'aime pas dormir dans le train. Est-ce qu'il y a des couchettes?

Employé: – Pas pour ce train-là, mademoiselle.

Journaliste: – Est-ce que vous pourriez me recommander un hôtel à Perpignan?

Employé: – Bien sûr. Nous avons une liste d'hôtels. Par exemple, à Perpignan vous avez l'Hôtel de la Gare, tout à côté de la gare même.

Journaliste: – Et vous pouvez réserver une chambre?

Employé: – Si vous prenez un billet de train, oui, mademoiselle.

Journaliste: – Alors, je vais prendre un aller et retour, et une chambre à une personne. À quelle heure est-ce que j'ai un train pour rentrer le plus tard possible?

Employé: – C'est pour quel jour?

Journaliste: – Jeudi prochain.

Employé: – Alors, vous avez un train à dix-sept heures quarante-neuf, qui arrive à vingt-deux heures quarante-deux.

Journaliste: – Ça va très bien. C'est combien, aller et retour?

Employé: – Deux cents cinquante-six francs, mademoiselle.

Journaliste: – Merci bien. Je peux faire la réservation d'hôtel maintenant?

Employé: – Bien sûr. Votre nom, s'il vous plaît? . . .

Quatrième Leçon

Rappel!

À l'hôtel (1)

F: Bonsoir. Avez-vous une chambre libre?

M: Vous n'avez pas réservé?

F: Non.

M: Qu'est-ce que vous voulez comme chambre?

F: Je voudrais une chambre pour une personne.

M: C'est pour combien de nuits?

F: Pour deux ou trois nuits.

M: Bien. Nous avons une chambre avec douche à soixante-dix francs.

F: Bon, je la prends.

À l'hôtel (2)

M: Bonsoir, madame. J'ai réservé une chambre au nom de Leblanc.

F: Ah oui, monsieur, c'est une chambre pour deux personnes avec salle de bains, n'est-ce pas?

M: Oui, c'est ça.

F: Voilà votre clef. La chambre est au premièr étage.

M: Le petit déjeuner est à quelle heure?

F: Entre sept heures et neuf heures, monsieur.

M: Merci.

F: Bonne nuit, monsieur.

À l'hôtel (3)

F: Bonjour, monsieur. Avez-vous une chambre pour cette nuit?

M: Oui, j'en ai une avec salle de bains à cent francs.

F: Ça, c'est trop cher. Avez-vous quelque chose de moins cher?

M: Euh, voyons. Il y une chambre au quatrième étage avec lavabo seulement à soixante francs.

F: Bon, ça va. Je prends cette chambre. Le petit déjeuner est compris?

M: Ah non, mademoiselle. C'est treize francs pour le petit déjeuner.

Entendu

L'alphabet français

Écoutez et répétez: A B C D etc.
Écrivez ces noms. Ce sont des noms anglais.

1 ROBERTS	6 QUINN
2 JOHNSON	7 SPENCER
3 WILSON	8 MERRYVALE
4 KELLY	9 BAXTER
5 UNDERWOOD	10 FOGARTY

Qu'est-ce qu'il a dit?

1 F: Bonsoir, monsieur. Avez-vous une chambre libre?
  M: Qu'est-ce que vous voulez comme chambre, madame?

2 F: Bonjour, monsieur. J'ai réservé une chambre.
  M: Oui, mademoiselle. C'est à quel nom?

3 F: Nous avons une chambre à cent francs.
  M: Avez-vous quelque chose de moins cher?

4 F: Bonjour. J'ai réservé une chambre au nom de Greenwood.
  M: Et ça s'écrit comment, madame?

5 F: Qu'est-ce que vous voulez comme chambre, monsieur?
  M: Je voudrais une chambre de famille pour ma femme et moi, et nos deux enfants.

6 F: Monsieur? Vous avez un problème?
  M: Oui, mademoiselle. L'ascenseur ne marche pas.

7 F: Monsieur? Je peux vous aider?
  M: J'espère que oui. Je veux changer de chambre.

8 F: Allô. Ici réception.
  M: Ici Laval, chambre cent vingt. Je voudrais vous demander pourquoi il n'y a pas d'eau chaude.

9 F: Qu'est-ce qui ne va pas, monsieur?
  M: La chambre est trop petite, et il y a trop de bruit.

10 F: Vous partez à quelle heure, monsieur?
  M: À huit heures. Je peux avoir la note, s'il vous plaît?

Interview

F: Comment vous appelez-vous?

M: Je m'appelle Bernard Quintallet.

F: Ça s'écrit comment?

M: QUINTALLET

F: Où habitez-vous en France?

M: J'habite à Cherbourg.

F: Que faites-vous dans la vie?

M: Je suis étudiant en médecine.

F: Pourquoi êtes-vous en Angleterre?

M: Je suis en vacances. Je suis dans la famille de mon correspondant.

F: Que pensez-vous de la nourriture anglaise?

M: Je la trouve assez bonne. J'aime surtout les gâteaux et les desserts.

F: Êtes-vous sportif?

M: Non, pas du tout. Je préfère jouer aux cartes ou aux échecs. De temps en temps je fais du footing, mais pas beaucoup.

F: Que faites-vous le soir en Angleterre?

•M: Je vais au pub avec Nigel et ses copains. J'adore la bière anglaise. Je regarde également la télé. Je comprends la langue sans difficulté. Hier soir, j'ai vu un film français avec des sous-titres en anglais. C'est drôle, ça.

La météo

Voici le bulletin météorologique pour la région parisienne pour aujourd'hui, 20 juin, valable jusqu'à dix-huit heures.

Après un début de journée ensoleillé, le temps deviendra variable. Pendant l'après-midi les températures baisseront légèrement et les vents modérés souffleront du sud-ouest.

Cinquième Leçon

Écoutez!

Une journée typique

Je m'appelle Robert Delcourt et je suis pharmacien. Ma pharmacie se trouve à Royan. Le matin, je me réveille vers six heures et demie et je me lève tout de suite. Je me lave, ou parfois, je prends une douche, et je me rase très lentement. À cette heure, ma femme et ma fille sont encore au lit. Je m'habille en complet foncé, chemise blanche et cravate.

Je travaille de huit heures et demie jusqu'à midi. Puis, d'habitude, je rentre chez moi pour déjeuner avec ma femme, et pour me reposer un peu. L'après-midi, je recommence à travailler à deux heures. Naturellement, à la pharmacie, je m'occupe des problèmes de mes clients.

Le soir, nous nous mettons à table vers sept heures et demie, ma femme, Florence et moi. Après le dîner nous regardons la télévision, ou nous écoutons de la musique. Florence se couche vers dix heures, ma femme et moi un peu plus tard.

Voilà ma journée, pas très intéressante, mais typique!

Mon appartement

Et maintenant je vais te montrer mon appartement. On entre dans le vestibule et juste en face, il y a ma chambre. J'ai de la chance d'avoir une chambre si grande n'est-ce pas?

À droite de ma chambre se trouve la chambre de mes parents, plus grande que la mienne, bien sûr, et toute en rose.

En face il y a la salle de bains et le WC. Malheureusement, il n'y a pas de radiateur ici. Par conséquent, il y fait froid en hiver.

La cuisine est à gauche de la salle de bains, très moderne comme tu vois. La chambre de mon frère est à l'autre côté de la cuisine. Elle est assez petite.

Enfin, voilà la salle à manger et le salon. La salle à manger est tout près de la cuisine et le salon a un balcon qui donne sur le jardin. Il est très confortable.

Voilà. Assieds-toi et parle-moi de chez toi. Tu habites un appartement ou une maison?

Auto-portrait

M1: Bonjour, tout le monde; au micro Gilles Leclerc, pour vous présenter la première d'une série d'émissions 'Auto-portrait', dans laquelle vous entendrez parler les vedettes de demain: les jeunes 'stars' du sport, de la musique, et même de l'industrie, qui ne sont pas encore très célèbres mais qui se mettent déjà en route . . .
Et pour débuter la série, je vous présente aujourd'hui un jeune homme du monde du cinéma: Vincent Moreau. Salut, Vincent.

M2: Salut, Gilles.

M1: On sait déjà que tu es acteur, que tu as fait deux films, mais tout d'abord, quelques détails sur toi-même.

M2: Bon, je suis né à Brest le dix-neuf septembre, 1961. Je ne suis pas marié; physiquement, je suis assez normal: je mesure 1 m 75, je pèse 63 kilos, et j'ai les cheveux plutôt courts et blonds.

M1: À ton avis, quelle est ta principale qualité?

M2: Si j'ai vraiment une bonne qualité, c'est la générosité: j'aime donner des cadeaux, je prête de l'argent à mes copains, j'aime toujours inviter les gens . . .

M1: Et ton principal défaut, si tu en as?

M2: C'est sans doute l'impatience; je n'aime pas attendre, je n'aime pas les gens qui me font attendre.

M1: Et ce que tu adores et ce que tu détestes?

M2: D'abord ce que je déteste, c'est l'incompétence, les gens qui ne font pas bien leur travail, dans n'importe quel métier. Et j'adore la photographie. Si je n'étais pas devenu acteur, j'aurais voulu être photographe . . .

Une surprise-partie

F: Allô! Ici Béatrice.
Oh, chouette! Oui, je veux bien. À quelle heure?

M: C'est Bernard qui parle.
Euh, un moment. Le 27? Oui, ça va. J'accepte avec plaisir. Je peux apporter une bouteille?

M: Étienne à l'appareil.
Désolé. Le 27 je vais partir pour passer le weekend à la campagne.

F: Oui, c'est bien Françoise.
Je ne suis pas sûre. Je peux te téléphoner demain?

M: Allô. Oui, c'est Gérard.
Ah, je regrette, c'est l'anniversaire de ma mère, et nous allons dîner au restaurant en famille.

M: Ici Jean-Luc.
Ça, c'est impossible, malheureusement. Ce soir-là, j'ai ma leçon de guitare. Je rentre toujours très tard et très fatigué.

F: C'est Simone à l'appareil.
Oui, peut-être, si mon père me permet. Je vais te dire oui ou non ce soir.

M: Allô. Yves à l'appareil.
Oui, bien sûr! Formidable! Merci.

Sixième Leçon

Rappel!

À la station-service (1)

F: Bonjour, monsieur. Vous désirez?

M: Vingt-cinq litres d'essence, s'il vous plaît.

F: Voilà, monsieur. C'est tout?

M: Oui. Je vous dois combien?

F: Cent quarante francs.

M: Voilà, cent quarante francs. Au revoir, mademoiselle.

F: Au revoir, monsieur, et bonne route!

À la station-service (2)

F: Faites le plein, s'il vous plaît.

M: De super ou d'ordinaire, madame?

F: De super.

M: Voilà, madame. Je vous vérifie les pneus?

F: Non, merci. Les pneus, je les ai déjà vérifiés, mais voulez-vous vérifier l'huile?

M: Bien sûr, madame. Alors il vous faut un peu d'huile. Je vais vous en mettre un demi-litre . . . Voilà madame.

F: Merci, je vous dois combien?

M: Ça fait cent soixante-dix-sept francs . . . et quinze francs l'huile . . . cent quatre-vingt-douze francs en tout, madame.

F: Voilà deux cents francs. Vous pouvez garder la monnaie.

On prend l'autobus (1)

F: Pardon, monsieur, y a-t-il un arrêt d'autobus près d'ici?

M: Mais oui, mademoiselle. Il y en a deux. Vous cherchez quelle ligne?

F: Euh, je ne suis pas sûre. Je veux aller au centre ville.

M: Alors, il vous faut le numéro un. L'arrêt est à deux cents mètres, tout droit, de l'autre côté de la rue. Il y a un bus toutes les dix minutes.

F: Merci bien, monsieur.

On prend l'autobus (2)

M: Excusez-moi, madame. Quel est l'autobus qui va à la plage?

F: C'est le numéro dix-sept.

M: Merci. Il y a un autobus tous les combien?

F: Toutes les vingt minutes, monsieur. Le prochain part à onze heures dix.

163

M: Est-ce que le bus s'arrête tout près de la plage?

F: Oui. Il y a deux arrêts pour la plage. L'un est devant l'Hôtel Bellevue, et l'autre en face du casino.

M: Excellent. Est-ce que je peux acheter une carte ici?

F: Oui. Vous devez aller au bureau juste à côté, à droite.

Entendu

Pas toujours facile

M. Dollet: – Bonjour, monsieur. Vingt-cinq litres de super, s'il vous plaît.

M. Legauche: – Je regrette, mais il n'y a plus de super. Il n'y a que de l'ordinaire.

M. Dollet: – Pas de super! Ça, c'est drôle. Eh bien, donnez-moi donc cinq litres d'ordinaire.

M. Legauche: – Cinq litres d'ordinaire . . . voilà, monsieur . . . je vous vérifie l'huile?

M. Dollet: – Merci, je l'ai déjà fait ce matin, mais je veux bien que vous vérifiez les pneus.

M. Legauche: – Ah, en fait, monsieur, la pompe à air est en panne depuis hier.

M. Dollet: – Zut! J'ai un pneu dégonflé, j'en suis certain. Vous n'avez même pas d'appareil manuel?

M. Legauche: – Non, monsieur, mais je le ferai réparer demain.

M. Dollet: – Tant pis. Dites donc, Alayrac, c'est loin d'ici?

M. Legauche: – Alayrac, Alayrac . . . Je ne connais pas . . . si . . . non . . .

M. Dollet: – Vous avez une carte de la région par hasard?

M. Legauche: – Ah, ça, monsieur, je viens de vendre la dernière carte de la région. J'ai de jolies cartes de Marseille . . .

M. Dollet: – Vous pouvez me dire où se trouve la station la plus proche?

M. Legauche: – Oui, monsieur, c'est à deux kilomètres, par là.

M. Dollet: – Je vous dois combien?

M. Legauche: – Cinq litres, ça fait uh . . . 24 francs, monsieur.

M. Dollet: – Voilà. Au revoir.

M. Legauche: – Au revoir, monsieur. Écoutez, monsieur, la prochaine station, c'est, je crois que c'est fermée aujourd'hui . . .

Sur la route

Bonsoir, tout le monde. Voici maintenant nos informations pour les automobilistes. Et ce weekend, avec le commencement des vacances, il faut faire bien attention, car il n'y a pas mal de problèmes aux environs de Toulouse.

Les automobilistes qui le peuvent doivent absolument éviter de pénétrer dans le centre ville; la circulation y est déjà intense, et menace de devenir encore plus intense ce weekend.

Le Pont Neuf sera fermé pendant quelques heures dimanche après-midi pour des travaux importants, et il faudra faire un détour par le Pont Saint-Michel et le Pont des Catalans.

Il y aura aussi des travaux importants sur la route de Carcassonne; les automobilistes sont conseillés de prendre l'autoroute A61 pour éviter des délais.

Ceux qui se dirigent vers l'aéroport de Blagnac doivent se donner du temps, surtout s'ils s'approchent par le nord ou par l'est.

Et maintenant, les prévisions météorologiques: au début du weekend il fera généralement beau, mais dimanche il y aura de la pluie dans toute la région. Par conséquent, les routes peuvent être dangereuses, il faudra faire très attention.

Un conseil final: le nouveau système de stationnement entre en usage ce weekend. Le stationnement sera encore plus difficile. S'il vous faut absolument aller dans le centre, il vaudra mieux garer votre voiture hors du centre et . . . prendre l'autobus!

Septième Leçon

Rappel!

Au camping

M1: Monsieur?

M2: Bonjour. Avez-vous de la place?

M1: Oui, c'est pour une tente ou une caravane?

M2: Une petite tente.

M1: Vous êtes combien?

M2: Nous sommes deux, mon copain et moi.

M1: Bien, il y a un emplacement là-bas près des lavabos.

M2: C'est combien par personne et par nuit?

M1: Neuf francs.

M2: Est-ce qu'il y a un magasin au terrain?

M1: Oui, juste à côté du bureau.

M2: Merci.

M1: Bon séjour.

À l'auberge de jeunesse

F: Bonjour, monsieur. Est-ce que vous avez des lits libres?

M: C'est pour combien de nuits?

F: Une nuit seulement.

M: C'est pour combien de personnes?

F: Trois. Deux garçons et une fille.

M: Oui, ça va. Le dortoir des filles est au premier étage et les garçons sont au deuxième. Vous voulez louer des draps?

F: Non, merci. C'est combien pour une nuit?

M: Cinquante francs par personne, dîner et petit déjeuner compris.

F: Très bien. Et le dîner est à quelle heure?

M: A dix-neuf heures, c'est-à-dire dans trois quarts d'heure.

F: Bon. Merci.

M: Et maintenant, voulez-vous remplir cette fiche?

Entendu

Qu'est-ce qu'il a dit?

Au camping

1 F: Bonjour, monsieur. Nous cherchons un emplacement pour une tente.
   M: Oui, madame, pas de problème. Vous êtes combien?

2 F: Bonsoir, monsieur. Vous avez de la place?
   M: Ça dépend. C'est pour une tente ou une caravane?

3 F: Avez-vous de la place pour une caravane, s'il vous plaît?

M: Vous avez de la chance. Il nous reste un seul emplacement, près du café.

4 F: Y a-t-il un magasin au camping?
M: Oui, mademoiselle. Le magasin est ouvert de huit heures à midi et de quatorze heures à vingt heures.

5 M: Je vous prie d'arrêter votre transistor, mademoiselle. La musique est interdite après vingt-trois heures.

À l'auberge de jeunesse

1 F: Avez-vous des lits libres?
M: Vous n'avez pas réservé, mademoiselle? Alors, je regrette, nous sommes complets.

2 M: Voilà, mademoiselle, trois lits au dortoir des filles.
F: Merci, monsieur.
M: Vous voulez louer des draps?

3 F: C'est combien par nuit?
M: C'est vingt-cinq francs par personne.

4 F: Pardon, monsieur. Où sont les poubelles, s'il vous plaît?
M: Elles sont derrière l'auberge, mademoiselle.

5 F: On peut prendre une douche chaude?
M: Bien sûr, mademoiselle. Ça coûte cinq francs.

Quelle auberge?

Eh bien, j'ai ici le guide avec tous les renseignements sur les auberges. Je vais les lire et puis, c'est à vous de décider. Je crois qu'il faut téléphoner pour réserver à l'avance, vous n'avez pas le temps d'écrire. Bon, la première, c'est Concots, oui?

Alors . . . Concots . . . voilà. Ouverte de février à décembre. Il n'y a que douze lits. C'est petit, n'est-ce pas? Le prix pour une nuit est vingt et un francs. Vous ne pouvez pas louer de draps – mais ça ne fait rien – vous pouvez les emporter. C'est dix-huit francs pour le petit déjeuner et les repas coûtent cinquante francs. C'est cher, ça. Mais . . . attendez . . . oui, il y a aussi une cuisine d'usagers où vous pouvez préparer vous-mêmes les repas. Et, qu'est-ce que c'est? Oh . . . on organise des activités, tennis et randonnées pédestres. Ça vous intéresse? Les promenades à la campagne? Et le numéro de téléphone . . . zut! Ce guide ne le donne pas. C'est bizarre, ça. Tant pis! Il faut le chercher dans l'annuaire.

Et maintenant, Marcilhac. Téléphone: 40 61 43. Oh, mais non, ça ne va pas du tout. Elle est ouverte de juin à septembre seulement.

À la prochaine. Laramière. Oui, elle reste ouverte toute l'année. Téléphone: 31 50 46. Elle est un peu plus grande que Concots, avec seize lits. Par nuit, quinze francs, mais écoutez ça, pas de draps, pas de petit déjeuner, pas de repas. On vous donne seulement un lit et une cuisine. Vous voulez passer le weekend à travailler dans la cuisine?

À mon avis, vous devez aller à Concots, s'il est possible de leur téléphoner. Mais, comme je l'ai déjà dit, c'est à vous deux de choisir.

Huitième Leçon

Rappel!

Au commissariat

M: Bonjour, mademoiselle. Je peux vous aider?
F: Bonjour, monsieur. J'ai perdu mon parapluie.

M: Oui, mademoiselle. Quand l'avez-vous perdu?
F: Hier soir, je crois.
M: Je regrette, mademoiselle. Nous n'avons pas reçu de parapluies hier ni ce matin.

À la gare routière

M: Bonjour, madame.
F: Bonjour, monsieur. J'ai oublié mon porte-monnaie dans l'autobus hier après-midi. C'était le numéro 59, je crois.
M: Pouvez-vous décrire votre porte-monnaie?
F: Il est en cuir rouge, assez petit et très vieux.
M: Et qu'est-ce qu'il y a dedans?
F: Pas grand' chose. Quelques pièces de monnaie. Environ 40 francs en tout, et des tickets d'autobus.
M: Attendez, madame. Je vais voir.

À la gare SNCF

M: Oui, mademoiselle?
F: Oh, monsieur. J'ai laissé mon imperméable à la gare.
M: Où l'avez vous laissé, mademoiselle?
F: Je ne sais pas exactement. Au buffet ou peut-être dans la salle d'attente.
M: De quelle couleur est-il?
F: Bleu clair. Il est en coton.
M: Je crois que vous avez de la chance, mademoiselle. Voilà. C'est votre imperméable?
F: Oh oui. Merci mille fois, monsieur.
M: Eh bien. Voulez-vous remplir cette fiche?
F: Avec plaisir.

Entendu

Qu'est-ce qu'il a dit?

Au bureau des objets trouvés

1 F: J'ai perdu ma montre.
M: Quand l'avez-vous perdue, mademoiselle?

2 F: Bonjour, monsieur. J'ai perdu mon anorak.
M: Oui, mademoiselle. Où l'avez-vous perdu?

3 F: J'ai laissé mon sac à main dans l'autobus.
M: Pouvez-vous décrire votre sac à main?

4 F: Il est assez petit en cuir brun.
M: Et qu'est-ce qu'il y a dedans?

5 F: Oh merci. C'est bien ma montre.
M: Voulez-vous remplir cette fiche, s'il vous plaît, mademoiselle?

Qui a fait quoi?

F: Qu'est-ce que tu as fait mercredi dernier, Vincent?
M: Mercredi, j'étais très occupé. Le matin, je suis allé en ville pour acheter des chaussures et un disque. J'ai passé deux heures à faire mes devoirs l'après-midi, avant de faire une longue promenade à vélo avec Christine. J'ai dîné chez Christine, et, après, nous avons joué aux cartes jusqu'à onze heures. Quand je suis rentré à la maison, j'ai découvert que j'avais perdu ma clef.
F: Christine, qu'est-ce que tu as fait mercredi dernier?
F: À huit heures, je suis allée à la piscine. À cette heure-là, on est presque seul et j'adore ça. J'ai téléphoné à Vincent pour l'inviter à dîner chez nous. Puis, ma mère et moi,

nous sommes allées en ville pour acheter des provisions. Vers quatre heures, je suis partie avec Vincent pour faire une promenade à bicyclette. Ensuite, j'ai pris un bain et je me suis lavé les cheveux. Vincent est arrivé à sept heures. Après un bon dîner, nous avons passé une bonne soirée à jouer aux cartes.

F: Et qu'est-ce tu as fait mercredi dernier, Thierry?

M: Qu'est-ce que j'ai fait? Ouf! Rien de spécial. Je me suis réveillé tôt, comme toujours. J'ai pris un bain, je crois. Oui. Et après? J'ai oublié. Peut-être j'ai passé l'après-midi au café avec des copains, mais je ne suis pas certain. Le soir . . .? Ah oui. Je me rappelle. Je suis allé au cinéma en ville et j'ai perdu mes lunettes.

Interview

F: Comment vous appelez-vous?

M: Je m'appelle Arnaud Feuchot.

F: Ça s'écrit comment?

M: F E U C H O T

F: Où habitez-vous en France?

M: J'habite à Nîmes dans le sud de la France.

F: Quel âge avez-vous?

M: J'ai seize ans.

F: Pourquoi êtes-vous en Angleterre?

M: Je suis venu avec un groupe de mon école et deux professeurs. Nous sommes dans un hôtel ici à Brighton.

F: Qu'est-ce que vous avez fait pendant votre séjour?

M: Nous avons passé beaucoup de temps sur la plage. J'ai acheté des souvenirs et des cartes postales. J'ai essayé de parler anglais.

F: Êtes-vous déjà allé à Londres?

M: Pas encore. Nous y allons demain, par le train.

F: Qu'est-ce que vous allez voir à Londres?

M: Je ne sais pas exactement. La Tour de Londres, Buckingham Palace, je suppose. Moi, j'aimerais bien aller au zoo.

F: Vous aimez les animaux?

M: Oui, beaucoup. À la maison, j'ai quatre lapins et beaucoup de canaris.

F: Parlez-moi un peu de votre famille.

M: Il y a mon père et ma mère, c'est tout. Je suis fils unique.

Neuvième Leçon

Rappel!

Au marché

M: Bonjour, madame. Un demi-kilo de tomates s'il vous plaît.

F: Voilà, monsieur. Et avec ça?

M: Vous avez des betteraves?

F: Bien sûr, monsieur. Combien en voulez-vous?

M: Un demi-kilo, ça va. Et une salade, celle-ci, s'il vous plaît. Et des petits pois?

F: Nous n'en avons plus, monsieur.

M: Donnez-moi donc un pied de céleri, s'il vous plaît. Celui-ci.

F: Voilà, monsieur. C'est tout?

M: Oui, c'est tout, merci.

F: Alors, ça fait . . . trois . . . sept cinquante . . . onze quatre-vingts . . . dix-sept francs trente en tout, monsieur.

À l'épicerie

M1: Bonjour, monsieur. Vous désirez?

M2: Une douzaine d'oeufs, s'il vous plaît. Et je voudrais deux ou trois sortes de fromage. Donnez-moi, s'il vous plaît, cent grammes de celui-là . . . et . . . de celui-là.

M1: Celui-ci est bon, monsieur; c'est du bleu d'Auvergne.

M2: Bon, encore cent grammes de celui-là. Ça fait combien?

M1: Ça fait quinze francs cinquante, monsieur.

M2: Voilà. Merci et au revoir, monsieur.

M1: Merci à vous, monsieur. Au revoir.

À la boulangerie-pâtisserie

M: Bonjour, mademoiselle. Une baguette, s'il vous plaît.

F: Je regrette, monsieur, mais nous n'en avons plus.

M: Donnez-moi donc deux ficelles. Et deux mille-feuilles.

F: Voilà, monsieur. Ça fait quatorze francs trente.

M: Merci, au revoir, mademoiselle.

À la charcuterie

M1: Bonjour, monsieur. Vous désirez?

M2: Vous avez du jambon pour une omelette?

M1: Bien sûr, monsieur. Celui-ci est très bon à trente francs le kilo.

M2: J'en prendrai deux cent cinquante grammes.

M1: Voilà, monsieur. C'est tout? Alors, ça fait neuf francs cinquante.

Entendu

C'est combien? (1)

1 M: C'est combien?
   F: Ça fait trente-cinq francs, monsieur.

2 F: Je vous dois combien?
   M: Eh bien, le fromage et le yaourt, ça fait cinquante-deux francs soixante, madame.

3 M: C'est tout, mademoiselle?
   F: Oui, merci.
   M: En tout, ça fait soixante-trois francs soixante-quinze.

4 M: C'est combien, les timbres, madame?
   F: Huit francs quatre-vingt-seize, monsieur.

5 F: Je vous dois combien, monsieur?
   M: Cent cinquante francs trente, madame.

6 F: En tout, ça fait quarante-trois francs quinze, monsieur.

C'est combien? (2)

M: Ça fait quatre-vingt-douze francs quarante, madame.

F: Vingt-huit francs soixante-dix-sept, monsieur.

M: En tout, c'est deux cent soixante-dix francs, s'il vous plaît, mademoiselle.

F: C'est quatre-vingt-treize francs seize centimes, monsieur.

La qualité de la vie

Michel: – Dis donc, Dominique, je t'offre un petit souvenir de la Côte d'Azur. Un collier.

Dominique: – Oh, merci, Michel. C'est chouette. Je n'ai rien vu de pareil.

Michel: – Non, il n'y a pas mal de choses à acheter là-bas. On peut acheter n'importe quoi, et les produits que j'ai vus sont de très bonne qualité.

Dominique: – Tiens. Mais tout est très cher n'est-ce pas?

Michel: – Pas tout. Les vêtements oui, parce qu'ils sont tous très chic, mais en général l'alimentation est moins chère qu'ici.

Dominique: – Alors, tu as passé beaucoup de temps à faire du shopping?

Michel: – Pas du tout. J'ai passé presque tout le temps sur la plage – et dans les cafés, bien sûr. Il y en a partout, surtout près de la plage. C'est marrant!

Dominique: – Comment tu sais tant de choses sur les magasins et les prix?

Michel: – J'ai eu le temps. Là-bas, les magasins restent ouverts très tard – plus tard qu'ici.

Dominique: – Je vois que tu as beaucoup profité de tes vacances.

Michel: – Pourquoi pas? Ça n'arrive qu'une fois par an.

Dixième Leçon

Écoutez!

Où sont-ils?

1 F: Dépêche-toi. Le train part dans deux minutes.
2 M: Salut, Jean-Claude. Tu veux jouer au babyfoot?
3 F: Tu veux encore du fromage, chéri?
4 M: Il est comment, votre sac, madame?
5 M: Votre emplacement est là-bas près des WC.
6 F: Le plein de super et un demi-litre d'huile s'il vous plaît.
7 M: Pour Rouen? Oui, il y a un car à huit heures.
8 F: Vous aimez cette jupe? Vous voulez l'essayer, madame?
9 M: Une livre de pommes. Voilà. Et avec ça?
10 F: Numéro dix-sept, premier étage. Voilà votre clef.

Entendu dans l'autobus

F1: Mon frère, c'est un imbécile; tu sais ce qu'il a fait dimanche?

F2: Aucune idée. Raconte.

F1: Il a demandé à maman si elle avait du travail à faire.

F2: Pourquoi?

F1: Parce qu'il voulait gagner de l'argent, bien sûr. Alors, maman lui a offert dix francs s'il lavait l'escalier en bois. Alors, il a accepté, il a pris le seau et le chiffon et il a commencé – en bas!

F2: C'est normal, si c'est la première fois qu'il le faisait.

F1: Eh bien, il est monté, très péniblement, très lentement. Une heure plus tard, il est arrivé en haut, très fatigué, et très pressé, parce qu'il voulait sortir avec son amie, Rachel. Mais il était tellement pressé qu'en redescendant il a glissé sur l'escalier mouillé, et il est tombé jusqu'en bas.

F2: Le pauvre! Il s'est fait mal?

F1: Il s'est blessé un peu à la tête, mais ça, pour lui, c'est pas grave! Le plus important, c'est qu'il lui a fallu recommencer – et il n'a pas pu sortir.

Un client distrait

M: Bonjour, mademoiselle. Euh . . . je voudrais 500 g de beurre, s'il vous plaît, et . . . euh . . . un pot de confiture de fraise.

F: Voilà, monsieur. Et avec ça?

M: Un paquet de . . . non . . une bouteille d'huile d'olive et un kilo . . . euh . . . un paquet de sel. Vous avez des pêches?

F: Bien sûr, monsieur. Les voilà.

M: Donnez-m'en donc deux kilos, s'il vous plaît, et puis, cent cinquante grammes de Brie, de la farine . . .

F: Un kilo ou deux de farine, monsieur?

M: Un kilo, s'il vous plaît, et un paquet de riz.

F: De la farine et du riz, monsieur. C'est tout?

M: Euh . . . oui, je crois que c'est tout. Je vous dois combien?

Psycho-logique

Véronique: – Dis-donc, Roland, tu veux faire un test 'audio-visuel'?

Roland: – Comment ça, 'audio-visuel'?

Véronique: – Moi, je te pose des questions, et ensuite je te dis si tu es un type 'auditif' ou 'visuel'.

Roland: – Et qu'est-ce que ça veut dire?

Véronique: – Je te l'expliquerai plus tard. Pour le moment, réponds simplement. Est-ce que tu fais autre chose en regardant la télévision, comme bavarder, par exemple?

Roland: – Non, je la regarde toujours en silence.

Véronique: – Bon, ça fait deux réponses déjà. Moi, j'aime bavarder et parler de l'émission. Et quand tu fais du sport, tu préfères être seul ou avec des amis?

Roland: – En général, avec des copains. Toi, tu préfères être seule, n'est-ce pas?

Véronique: – Bien entendu! Et maintenant, on t'explique un chemin à suivre, ou on te lit une lettre, est-ce qu'il faut que tu voies un plan ou la lettre?

Roland: – Non, je ne crois pas.

Véronique: – Pour moi, c'est le contraire. Et maintenant . . . tu crois que les détails sont importants?

Roland: – Pas tellement.

Véronique: – Tu passes très vite de la pensée à l'action?

Roland: – Plutôt lentement, dirais-je.

Véronique: – Ça t'inquiète, les situations inconnues?

Roland: – C'est pas un problème important.

Véronique: – Encore deux questions. Tu aimes résoudre les problèmes tout de suite?

Roland: – Je dirais que je préfère y réfléchir un peu.

Véronique: – Finalement, quand tu te concentres, tu te rends compte de ce qui se passe autour de toi?

Roland: – Pas si je me concentre vraiment. C'est tout?

Véronique: – Oui, c'est tout; et tu vois? Tes réponses sont toutes contraires aux miennes!